河合塾現代文講師
小池陽慈

できる大人の「要約力」

核心をつかむ

青春出版社

はじめに

現代社会を生きる私たちは、日々、大量の情報に接しています。通勤電車を見回せば、乗客の相当な割合がスマートフォンの画面とにらめっこしています。ネット記事を読んだり、Kindleで本を読んだり、SNSに興じたり……。あるいは、ドアの上のモニターや吊り広告等も、様々な文字情報・映像情報を発信しています。言うなれば、ひと昔前だったら「ぼーっ……」としているだけだった時間にも、私たちは、溢れんばかりの情報にさらされされているわけです。

もちろん、誰もが自由に情報に接することができるというありようは、素晴らしいことです。私たち市民の個々人が、様々な情報を手にし、それに基づき思考するということは、大袈裟ではなく、民主主義を支え、成熟させていくために不可欠の条件となりますからね（全体主義的なディストピアを描くSF作品などの世界では、必ずと言ってよいほど徹底した情報統制が敷かれています）。それに、知ることは純粋に楽しいですし、仕事などで情報の収集が決定的に重要なプロセスとなることもあるでしょう。

けれども、私は、少なからぬ懸念も抱いているんですね。何に対してかと言えば、このような多量な情報にさらされた私たち現代人の、情報の受け取り方のありように。

私たちは、情報を、消費してしまってはいないか。

あまりにも過剰な情報の奔流に溺れ、自分自身を見失っているのではないか。

それを手にすることばかりに躍起になり、得た情報や知識を自分自身のものとして熟成するための時間を取ることができていないのではないか。

どうでしょうか。何かしら、思い当たるところのある方もいらっしゃるかと思います。正直に告白すると、私自身、相当な自戒の念を込めて、この文章をしたためています。

そもそも、情報を手に入れることの目的とはなんでしょうか。

もちろん、いろいろな答えがあり得ます。が、私は情報を手にすることの最大の意味は、**〈思考の軸〉**を手に入れることだと思っています。社会や世界、あるいは自分自身と向き合ったとき、そこに拠って立つことによって、より深く思考をめぐらすことのできるような〈思考の軸〉。何かしら新たな情報に接するときに、その内容について熟考するために参照する〈思考の軸〉。昨今「教養ブーム」などということもしばしば耳にしますが、真の意味での教養とは、このような〈思考の軸〉としての情報・知識のことではないでしょうか。

では、どうすれば私たちは情報の氾濫に翻弄されることなく、情報をただひたすらに消費するのではなく、そうした〈思考の軸〉としての情報や知識を内面化することができるのか――この問題提起に対して、私なりの答えをまとめたものが本書になります。

「『私』って……あなたはいったい、誰なんですか？」

そう思われる方もいらっしゃるでしょうから、この「はじめに」の最後で、軽めに自己紹介をさせていただきます。

私は、大学受験の予備校で講師をしている人間です。今は現代文という科目を教えています。これまでには、小論文を担当したこともあります。また、物書きとしても生計を立てており、『現代評論キーワード講義』（三省堂）、『無敵の現代文』（かんき出版）などの学習参考書以外にも、『14歳からの文章術』『〝深読み〟の技法』（ともに笠間書院）や、『世界のいまを知り未来をつくる　評論文読書案内』（晶文社）など、一般向けに、文章の読み書きをレクチャーする本も書いています。つまり、文章の読み書きということについて、ずっと考えてきた人間ということになります。

本書にも、もちろん、ここまでの私の様々な経験から導き出したエッセンスをふんだんに書き込みました。

願わくは、この一冊を通して、より多くの皆さんと**〈学ぶことの楽しみ〉**を共有することができれば幸いです。皆さん、最後まで、どうかよろしくお付き合いください！

できる大人の「要約力」　核心をつかむ＊目次

第1部

核心をつかむ力

DTP■フジマックオフィス

第1部

核心をつかむ力

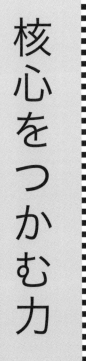

1章　その文章から何を読み取るのか

「なんとなく読んでいる」から一歩抜け出すために〈ステップ1〉

文章は、様々な情報やメッセージを私たちに示してくれています。それは、そこに記された言葉が直接に表している意味に限りません。例えば、「この部屋、暑いな」という文は、文字通りに室温の高さを表しているともとれます。が、同時に、私たちの常識的な言語使用のありように照らして考えるなら、そこにはおそらく不快感も込められているでしょう。さらには、この言葉の発されたコンテクスト次第では、「冷房を強めてほしい」と

いう依頼や命令の意味を含む可能性だってあります。つまり、「この部屋、暑いな」というこのごくごく短い文からでも、

1 [この部屋の室温は高い] という事態を表している。
2 [この部屋は暑くて不快だ] という感情を表している。
3 [冷房を強めてほしい] という依頼や命令を表している。

などという情報やメッセージを読み取ることができるわけです。
では、次の文章ではどうでしょうか。

シートベルトをしめましょう。（○○小学校3年1組 青春花子）

まずは「シートベルトをしめましょう。」という一文について考えてみましょう。皆さんはここに、どのようなメッセージや情報を読み取るでしょうか。当然、文字通りに、〈車を運転するとき、あるいは乗るときには、シートベルトを着用しなくてはいけない〉

というメッセージを読み取るはずです。

けれども例えば、「このような標語を掲示するということは、違反者が多いということだろうな」と解釈することもできるし、あるいは、これはちょっと深読みかもしれませんが、「ここにこの標語を掲示するということは、この付近で、シートベルトを締めていなかったことによる大きな事故でもあったのかもしれない」と想像することもあるかもしれません。

さらに、「(〇〇小学校3年1組 青春花子)」という記述に着目するとどうか。

ここはもちろん、この標語の作成者が「〇〇小学校3年1組 青春花子」であるという情報が示されています。しかし、例えばこの直接的な情報を踏まえて皆さんが「三年生で社会問題について考え、提言することができるなんて偉いなあ」という感想を抱き、そして「いや、三年生でもちゃんと社会問題について考えることはできるんだ。子どもをばかにしてはいけないな」などと思い返したとするならば、皆さんはこの文章から、〈子どもにも社会問題を考える力はある〉というメッセージを読み取ったことになります。

また、皆さんが「学校の課題で書かされたのかな。自分の意見というより、大人の価値観に合わせている可能性があるな」などと感じたなら、そこからは、〈大人の顔色をうかがうような教育はどうなのか〉という論点が導き出されるはずですよね。さらには、「このご時世、個人情報を公の空間にさらすのはどうなのか」と思ったなら、〈個人情報管理についての市民の意識の低さ〉という論点を抽出したことになります。

他にもいろいろなことが言えますが、ここでひとまず分析は終わりにして、以下に、「シートベルトをしめましょう。（〇〇小学校3年1組　青春花子）」というこの標語について、ここまで抽出してみた情報や感想を箇条書きで整理してみます。

1　「車に乗るときには、シートベルトを着用しなくてはいけない」というメッセージ
2　「シートベルトを締めない違反者が多くいる可能性がある」という情報
3　「シートベルトを着用しなかったために事故が起きた可能性がある」という情報
4　「標語の作成者は「〇〇小学校3年1組　青春花子」である」という情報
5　「子どもにも社会問題を考える力はある」というメッセージ
6　「大人の顔色をうかがうような教育はどうなのか」という論点
7　「個人情報管理についての市民の意識の低さ」という論点

これだけ短い文章からも、いろいろと、情報やメッセージ、論点などを引き出すことができるわけですね。

となると、当然、もっと長い文章からは、さらにたくさんのことを読み取ったり考えたりすることができるはずです。そしてそのなかには、きっと、皆さんにとって大切なものが少なからずある。

予備校などで文章の読み方を教えていると、文章全体の話のつながりを把握することができない、という悩みを相談されることがあります。部分部分で言っていることはわかるけれど、全体として何を言いたいのかなかなかつかめない、と。

なるほど、文章を読み、その内容を自分のものにするには、確かに文章全体を通じて書き手が最も言いたかったことを見極める必要があります。そのためには、当然、冒頭から最後までの話の展開を理解しなければなりません。本書でも、そこには力を入れて解説していきたいと思っています。

けれども、文章を読むことを苦手とする人が、いきなりそうした読み方に挑戦するのは難しい。あるいは、通勤の電車のなかでスマートフォンを使いながらネット記事などを読む場合、そこまできちんと読むことは、現実問題、厳しいこともあるでしょう。記事を読み終える前に目的の駅に着いてしまいそう、などということも、あるかもしれません。

そんなときは、全体はひとまず置いておくとしても、今読んだ範囲から自分は何を読み取ったのかということくらいはきちんと意識したい。いや、意識するだけではすぐに忘れてしまいますから、メモを残しておきたい（私は電車内ではiPhoneかiPad miniを使って情報収集をしていますが、情報や自分の考えたことなどについては、初期設定からインストールされているメモ帳に整理しています。とくに、クイックメモという機能はすこぶる使い勝手がよいので、iPhone等をお持ちの方は、ぜひ、試してみてください）。

例えば、「シートベルトをしめましょう。（○○小学校3年1組 青春花子）」という文章から先ほど挙げたような1〜7の内容を読み取り、そしてそのなかで、「［子どもにも社会問題を考える力はある］というメッセージ」を自分にとって大切なものと考えたとしましょう。だったら、それをメモに残しておくのです。たったそれだけのことをしておくだけでも、そうですね、子どもを議題として議論する機会などがあったとき、メモを思い出しながら、

「いや、そうやって子どもの力を過小評価するのはどうでしょうか。子どもにも、社会問

題を考える力はあるんです。例えばこの前、『シートベルトをしめましょう』という標語を目にしたんですけどね、なんとそれを考えたのは小学校3年生だっていうんです。子どもは子どもなりに、思うところがあるんですよ」

などという話し方もできるようになるわけです。

POINT!

文章から得られる情報、メッセージ、論点は、様々にある。それらを抽出し、自分にとって大切だと思うものはメモに整理しておく。

なお、参照する文章がネット媒体によるものである場合、そのURLは必ずコピーし、出典とともに張り付けておきましょう。何かしらの資料やブログなどに引用する際には、出典とともに記事へのリンクを明記することが求められます。以下、作成するメモの例です。

シートベルトをしめましょう。（○○小学校3年1組 青春花子）

（「教育マガジン」第28号　2023/4/2　青春社）
https://kyouiku.news/articles/20230402.html
↓子どもにも社会問題を考える力はある！

感じたこと、考えたことは〝つめあと〟として残す〈ステップ2〉

それではきちんとした文章を用いて、情報やメッセージ、論点などを引き出すトレーニングをしてみましょう。紹介するのは「河北新報 ONLINE NEWS」の記事で、２０２１年３月12日に掲載されたものです。坂本光さんという方の手に成る文章で、題は「津波の教訓、風化防ぎ未来へ　木碑建て替え　岩手・大槌」。いろいろなことを考えさせてくれる良質な記事ですが、ここでは全体は参照せずに、部分部分をピックアップして読み込んでみたいと思います（ただしリンクは貼っておくので、ぜひ、全文を読んでみてください）。

まずは、冒頭の段落を引用してみます。もちろん皆さんも、この箇所からどのような情報やメッセージ、論点を抽出することができるか、頭の中で考えながら読んでみてください。可能なら、メモの作成にもチャレンジしてみてくださいね。

東日本大震災の発生から11日で10年となった。改めて「忘れない」と心に刻む人がいる一方、遺族にとっては「忘れられるはずのない」日々の積み重ねでもあった。震災で引き起こされた東京電力福島第1原発事故の影響も今なお続く。被災者、避難者、遺族…。一つの呼称では決してくれない人生を、一人一人が歩んできた。

（「河北新報 ONLINE NEWS」２０２１年３月12日より）
https://kahoku.news/articles/20210312khn000032.html

冒頭の一文で、あの東日本大震災という悲しい出来事から10年が経ったことに触れ、そして次の一文では、その10年が、「遺族にとっては『忘れられるはずのない』日々の積み重ね」であったことが述べられています。しかも、「忘れない」と「忘れられるはずのない」という言い方を対比しながら、遺族にとっては後者なのだ、と。つまり震災の遺族にとっては、忘れるという選択肢がない、そうした月日の積み重ねとしてこの10年があった

というメッセージが強調されているわけです。ここはまず、

1「遺族にとって、震災からの10年＝忘れることの決してできない日々」というメッセージ

などとまとめることができると思います。

次に、「震災で引き起こされた東京電力福島第1原発事故の影響も今なお続く」という文ですが、「東京電力福島第1原発事故の影響も」の「も」に着目するなら、「福島第1原発事故の影響」は、他にもたくさんある震災の影響の代表、あるいは象徴であると解釈することができる。とすると、ここは例えば、

2「福島第1原発事故に象徴される震災の影響は、今なお続いている」というメッセージ

あるいは、

2 「震災の影響はまだ何も終わっていない」というメッセージ

などと整理すればよいでしょう。

そして、「被災者、避難者、遺族…。一つの呼称では決してくくれない人生を、一人一人が歩んできた。」という二つの文については、

3 「震災を経験した人々のこの10年間→それぞれ固有の人生であり、決して抽象化してはいけない」というメッセージ

などと読んでみました。そしてこれは私個人の考えなので絶対の正解というわけではまったくないのですが、私自身は、この段落の全体を読んで、今整理した「震災を経験した人々のこの10年間→それぞれ固有の人生であり、決して抽象化してはいけない」というメッセージに、深く考えさせられました。

というのも、私たちは何かしらの出来事を記憶したりそれに思いを馳せたりする際、つ

いついそこに存在する人々を、匿名の集団、みんな一様の〝○○な人々〟の集まりとして考えてしまいがちです。が、そんなことは絶対にない。皆、一人ひとりが、具体的で固有の生を生きている。そして、そのような個々人の具体的な人生を知る、あるいは知ることはできなくても、そこには無数の固有の人生があったという事実に思いを致すことが、出来事を当事者と共有するうえで、とても大切なことであると思ったからです。

なお、このように、その文章を読んで自分が感じたことや考えたことなどがあれば、それももちろん、メモに書き加えておきたいですね。後でメモを活用しながら何かしらの情報を発信しようとする際にはとても大切なポイントになりますし、あるいは、記憶もより定着するはずです。

被災者、避難者、遺族…。一つの呼称では決してくれない人生を、一人一人が歩んできた。

（「河北新報 ONLINE NEWS」2021年3月12日）
https://kahoku.news/articles/20210312khn000032.html

↓震災を経験した人々のこの10年間↓それぞれ固有の人生であり、決して抽象化してはいけない！

↓個々人の具体的な人生を知る、あるいはそこに無数の固有の人生があったという事実に思いを致すことが、出来事を当事者と共有するうえでとても大切なことなのではないか？

このようなメモを作成してみましたが、どうでしょうか。繰り返しますが、このメモはあくまで私個人の問題意識からまとめたものに過ぎず、これが正解というわけではありません。一つのモデルとして参照していただければ幸いです。

ただ、このようなメモをとっておいたなら、例えば以下のような記事に対する読み方も、変わってくるのではないでしょうか。特に、傍線を引いた箇所に着目してみてください。

なお傍線は、私によるものです。

FB、ロヒンギャ迫害を助長＝人権団体

国際人権団体アムネスティ・インターナショナルは9月29日、交流サイト（SNS）大手の米フェイスブック（FB、現メタ・プラットフォームズ）がミャンマーのイスラム教徒少数民族ロヒンギャへの国軍などによる迫害を助長したとの見解を示した。フェイスブックがロヒンギャに対する悪意ある投稿に適切に対処しなかったとしている。

アムネスティは報告書で、フェイスブックは2017年に国軍によるロヒンギャ迫害が始まるまでの数年にわたり、ロヒンギャへの差別や憎悪をあおる投稿を放置したと批判。フェイスブックが偽情報の拡散を防がなかったことが、ロヒンギャへの暴力につながったと述べた。

具体的には、国軍や急進派僧侶らが、ロヒンギャに関する大量の偽情報を「組織的に」投稿していたと説明。アムネスティのカラマール事務局長は、「国軍による人道犯罪に乗じ、フェイスブックはロヒンギャへの憎悪に満ちた投稿や広告を放置することで利益を得た」と指摘。「フェイスブックは、（ミャンマーから流出した）ロヒンギャに賠償する責任がある」と強調した。

国軍による迫害を受け、17年以降に70万人以上のロヒンギャが隣国バングラデシュに避難した。現在も多くが難民キャンプでの生活を続けている。

（「NNA ASIA アジア経済ニュース」２０２２年10月４日）

https://www.nna.jp/news/result/2410880

「70万人」と数値で表されたり、あるいは「多く」と漠然とした言い方で表されたりすると実感しにくくなりますが、この「70万人」あるいは「多く」のロヒンギャもまた、当たり前ですが、この世界に具体的に生きる人々なのです。先のようなメモ、すなわち、

被災者、避難者、遺族…。一つの呼称では決してくくれない人生を、一人一人が歩んできた。

（「河北新報 ONLINE NEWS」２０２１年３月12日）

https://kahoku.news/articles/20210312khn000032.html

↓震災を経験した人々のこの10年間↓それぞれ固有の人生であり、決して抽象化してはいけない！
↓個々人の具体的な人生を知る、あるいはそこに無数の固有の人生があったという事実に思いを致すことが、出来事を当事者と共有するうえでとても大切なことなのではないか？

というような自身の読みを記憶として残していれば、きっと、ロヒンギャの一人ひとりが決して抽象化することのできない固有の生を生きる個々人なのだということに、改めて思いを馳せることができるはず。もちろん、その個々の代替不可能な生が、虐げられているということにも。この記事の切迫性が格段に高まりますよね。

このように、一つの文章から得た情報やメッセージ、論点、あるいはそこから自身の考えたことなどは、その文章以外の文章を読む際に、大きな指標となることがあります。当然、そうした指標――すなわち〈思考の軸〉をたくさん手にしている読み手のほうが、より深く、より多角的に、文章を読むことができるようになるはずです。ぜひ、たくさんのメモを残してみてくださいね。

POINT! 文章から得た情報、メッセージ、論点、自分の考えなどをメモに残しておくと、文章の読み方、そして世界や社会に対する見方がより深く、より多角的なものとなる。

自分だけの〈思考の軸〉を手に入れる〈ステップ3〉

それではもう一箇所、先ほど紹介した「河北新報 ONLINE NEWS」の記事から引用してみたいと思います。少し長めになりますが、皆さんも、ここからどのようなことを読み取ることができるか考えながら読んでみてください。もちろん、読了後にはメモを作成してみましょう。くどいようですが、メモに正解などありません。自分が「大切だ」と思ったことについてまとめてくれれば、それでかまいません。

「**大きな地震が来たら戻らず高台へ**」。**岩手県大槌町安渡**《あんど》**地区で11日、震災の津波**

の教訓が刻まれた木製の碑が建て替えられ、住民にお披露目された。午後2時46分、住民らが木碑の前に集まり、地区の犠牲者217人に思いをはせ、海に向かい手を合わせた。

建て替えを主導した地元の小国忠義さん（80）が「犠牲者のために、碑に込めた思いを胸に刻んで生きていく」と追悼。震災当時、安渡地区を拠点としていたNPO法人カタリバ（東京）の菅野祐太さん（33）が「若い人の力で教訓を何年もつないでいきたい」と語った。

木碑は2013年、当時の大槌高生が「悲劇を繰り返さない」と発案し、津波到達点に建てられた。建て替えは4年に1度行われ、17年に続いて2度目となる。あえて風雨で劣化する木製にすることで建て替えるたびに教訓を心に刻み、風化を防ぐ狙いがある。

（坂本光「津波の教訓、風化防ぎ未来へ　木碑建て替え　岩手・大槌」「河北新報 ONLINE NEWS」2021年3月12日）

https://kahoku.news/articles/20210312khn000032.html

文章から何かしらの情報などを得るとき、そこで話題となっているのはどのようなことなのか、その点に着目することはとても有効です。その話題を軸として内容を整理すると、いろいろなことがクリアに見えてくるからです。

では、引用した箇所は、何について話題としているでしょうか。

様々な着眼点はあるでしょうが、

・震災の津波の教訓が刻まれた木製の碑が建て替えられ
・犠牲者のために、碑に込めた思いを胸に刻んで生きていく
・木碑は２０１３年、当時の大槌高生が「悲劇を繰り返さない」と発案し、津波到達点に建てられた

などの記述を参照するなら、「碑」、もう少し詳しく説明するなら〈津波の教訓を刻んだ碑〉について話題としていることがわかるはずです。そこで、この〈津波の教訓を刻んだ

碑〉についての情報を整理してみると、例えば、

1 教訓の内容は、「大きな地震が来たら戻らず高台へ」というものである
2 犠牲者を偲んで建てられたものである
3 設置や建て替えには、若者も高齢者も参加した
4 碑は木製である。その目的は、劣化しやすい素材にすることで建て替えの頻度を増やし、記憶の忘却を防ぐことにある

などとまとめることができます。そのうえで、私はまず、「3 設置や建て替えには、若者も高齢者も参加した」という点に着目しました。ここから、世代間の連携の重要性という論点を導き出せると考えたからです。

ジェネレーションギャップなどという言葉もありますが、世代間の断絶や対立を煽るような言説は、実際にしばしば耳にします。近年では、「シルバー民主主義」などということを口にする人たちもいます。少子高齢化が進行して高齢者の割合が増えるほどに、高齢者の利益がより政治に反映されやすくなる、逆に言えば若者の利益がないがしろにされる

――といった考え方ですね。それが本当かどうかは知りませんが、例えばこういった言い方を見たり聞いたりした若者や子どもたちが、高齢者世代に対して反感を抱いてしまう、ということは、可能性として十分に考えられるでしょう。

けれども、世代間の対立の深化が、この社会にとって良い結果をもたらすことなどありえません。社会は、そこに住むすべての人々の手によって作られていくわけですから。となると、異なる世代間での対話や連帯、協働というもの、とりわけ高齢者と若者たちとのそれは、これからの未来を構築していくうえで、非常に重要なものであることがわかります。ということで、こんなメモを作ってみましたが、どうでしょうか。

建て替えを主導した地元の小国忠義さん(80)

木碑は2013年、当時の大槌高生が「悲劇を繰り返さない」と発案し、津波到達点に建てられた。

(「河北新報 ONLINE NEWS」2021年3月12日)

https://kahoku.news/articles/20210312khn000032.html

↓碑の設置や建て替えには、若者も高齢者も参加した

↓こうした世代を超えた連帯、協働について知ることは、「シルバー民主主義」などという言葉に象徴される、高齢者と若者世代の対立や断絶を煽るような言説に惑わされないためにも、非常に大切なことではないか？

さらに、私はもう一点、「4 碑は木製である。その目的は、劣化しやすい素材にすることで建て替えの頻度を増やし、記憶の忘却を防ぐことにある」というところに着目しました。ここには、現代を生きる私たちにとってとても大切な考え方が象徴されていると考えたからです。

木製の碑は、材質としては弱い。耐久性がありません。より長く残したいのであれば、石碑にすればいいのです。ところがあえて、劣化しやすい木を選んだ。しかしその結果、建て替えの頻度は上がる。上がるからこそ、そのたびに碑に刻まれた文言を確認し、胸に刻み付けることができる。したがって、メッセージの継承という観点から言うのであれば、より長い時間にわたって生きた言葉を伝え続けることができる〝強さ〟を持っているということになる――つまりは、木という物質のもろさ、弱さは、逆に言えば柔軟な強さ、しなやかな強さというものにつながっている、そう言えるのではないでしょうか。

私は、この記事を読んだとき、まさにこのしなやかな強さ、すなわちレジリエンスという概念を想起しました——というのは、ごめんなさい、うそです。私は2022年度から放送大学大学院で学んでいるのですが、そこで開講されている、大村敬一先生の「文化人類学の最前線」という授業があります。その講座にゲスト講師として来られた木村周平先生が、同様の事例を参照しながら、このレジリエンスという言葉に言及なさっており、その後にこの「河北新報 ONLINE NEWS」を知ったのです（Twitter で相互フォローの方から教えていただきました）。そしてその際、「おお、同じだ！」と思ったというのが本当のところなのですね。すみません。ただし、前もってそのような知識を持っていればこそ、この記事についてこうした読み方ができたということは本当です。文章から情報やメッセージ、論点を引き出す際に、あるいは自分の考えをまとめる際に、それまでに習得した知識が〈思考の軸〉としてとても重要な働きをする。それは間違いなく確かなことと言えます。

ともあれ、レジリエンス——いわゆる頑強さではなく、しなやかな強さ、あるいは柔軟性に富んだ回復力——は、現代人にとって、とても大切な考え方であることがしばしば指摘されます。なぜなら現代の社会さらには現代の世界は、何が起きるかわからない、予測不可能なものであるからです。そのような時代を生き抜いていくには、失敗し、たとえ一時はうちのめされても、そこからたおやかに回復することができるような〝強さ〟が要求されるはずですよね。そんなことを踏まえて、以下のようなメモを作成してみました。ぜひ、参考にしてください。

あえて風雨で劣化する木製にすることで建て替えるたびに教訓を心に刻み、風化を防ぐ狙いがある。

（「河北新報 ONLINE NEWS」２０２１年３月12日）
https://kahoku.news/articles/20210312khn000032.html

↓碑は木製である。その目的は、劣化しやすい素材にすることで建て替えの頻度を増やし、記憶の忘却を防ぐことにある。

↓しなやかな強さ、回復力＝レジリエンス！

↓予測不可能な現代の社会、現代の世界を生き抜いていくうえで、必須の力！

2章　話の展開を整理する

文章は、つながりを見抜くのが鉄則〈ステップ1〉

本書の初めのほうで、「文章全体の話のつながりを把握すること」の大切さについて言及したことを覚えているでしょうか。念のため、当該箇所を以下に引用しておきます。

予備校などで文章の読み方を教えていると、文章全体の話のつながりを把握することができない、という悩みを相談されることがあります。部分部分で言っていることはわかるけれど、全体として何を言いたいのかなかなかつかめない、と。

なるほど、文章を読み、その内容を自分のものにするには、確かに文章全体を通じて書き手が最も言いたかったことを見極める必要があります。そのためには、当然、冒頭から最後までの話の展開を理解しなければなりません。本書でも、そこには力を入れて解説していきたいと思っています。

この第1部「核心をつかむ力」の2章「話の展開を整理する」では、この点についてお話ししたいと思います。

それではまず最初に、次の〝文章〟をお読みください。

朝ごはんに納豆を食べる。そろそろ新聞の小さな文字が厳しくなってきた。カレンダーに書き込んだ予定を修正する。

とりたてて難しい言葉はありません。「朝ごはんに納豆を食べる。」「そろそろ新聞の小さな文字が厳しくなってきた。」「カレンダーに書き込んだ予定を修正する。」、という三つの文で構成される〝文章〟ですが、それぞれの文は短く、また、複雑に入り組んだ書き方というわけでもありません。つまり、この三つの文、個々に書かれてあることを理解するのはさして難しくはない。

でも、どうでしょうか。きっと皆さんのなかには、「つまり……どういうこと?」と、首を傾げた方も多いのではないでしょうか。だとするなら、それはどうしてか。

繰り返しますが、この〝文章〟を構成する三つの文それぞれは、何一つ難しいことは言っていません。けれども、一つひとつの文は、皆、ばらばらのことを述べていますよね。話につながりがない。だからなんです。だから、全体として何を伝えたいのかがわからない。

個々の文につながりがない。

だから、何を言いたいのかがわからない。

このことを逆に考えるとどのようなことが言えるでしょうか。

そう、それはもちろん、

POINT!
一つひとつの文のつながりによって、文章は、何かしらの意味を伝えている！

ということになるはずです。

例えば、右の〝文章〟にちょっと要素を付け足した、次の文章を見てください。付け足した要素には、線を引いています。

朝ごはんに納豆を食べる。そろそろ新聞の小さな文字が厳しくなってきた。カレンダーに書き込んだ予定を修正する。今日も、そんな平凡な朝から始まった。

「ああ、そういうことか」、皆さんきっと、そう納得してくれたのではないかと思います。

そうですね。「朝ごはんに納豆を食べる。」「そろそろ新聞の小さな文字が厳しくなってきた。」「カレンダーに書き込んだ予定を修正する。」、という三つの文は、それぞれ、「平凡な朝」の具体的な例であったことがわかります。つまり、「朝ごはんに納豆を食べる。そろそろ新聞の小さな文字が厳しくなってきた。カレンダーに書き込んだ予定を修正する。」という文章は、全体として、「平凡な朝」という一つのメッセージを私たちに伝えていたわけです。

この加筆修正で起きたのは、いったいどのようなことなのか。

それは、元のばらばらだった三つの文が、それをまとめる「平凡な朝」という表現のおかげで、同じ意味を表す個々の例という〈つながり〉を持った、ということです。加筆修正後のこの文章を構造的に整理すると、次のようになるのがわかるでしょう。

［具体①］朝ごはんに納豆を食べる。
［具体②］そろそろ新聞の小さな文字が厳しくなってきた。
［具体③］カレンダーに書き込んだ予定を修正する。
↓
［抽象］今日も、そんな平凡な朝から始まった。

つまりこの文章における「文章全体の話のつながり」は、〈具体→抽象〉という構造によって成り立っているのですね。

もちろん、具体と抽象の順番は逆でもかまいません。例えば、

一日の始まりは、いつだって平凡なものだ。朝ごはんに納豆を食べる。そろそろ新聞の小さな文字が厳しくなってきた。カレンダーに書き込んだ予定を修正する。

こんな組み立てにしても、文章はきちんとつながり、メッセージを伝えることができますよね。もちろん、冒頭の「一日の始まりは、いつだって平凡なものだ。」という文が抽象で、それに続く三つの文が具体という構成です。〈具体→抽象〉のみならず、〈抽象→具体〉という構成でも、「文章全体の話のつながり」はきちんと表わせる。もちろん、具体の前後に抽象を置いて、〈抽象→具体→抽象〉としても同じことです。

POINT!

〈抽象→具体→抽象〉という構成は、文章のつながりを作り出す！

もちろん、「文章のつながり」を作り出すのは、〈抽象→具体→抽象〉という構成だけではありません。次に、以下の文章を読んでみてください。

読書は、人を作る。もちろん他者との交流や、自然のなかでの経験、あるいは豊かな芸術の鑑賞も、人を成長させていく。それと同じように、本を読むことによって、その人の内面は、より深いものへと導かれていくのだ。

この文章につながりを持たせている要素は、いろいろと指摘できます。けれどもここで目をつけたいのは、この文章を構成する一つ目の文と、三つ目の文との関係です。試しにこの二つを、箇条書きにしてみましょう。なお、皆さんに着目してほしい箇所には、線を引いておきます。

・**読書は、人を作る。**
・**それと同じように、本を読むことによって、その人の内面は、より深いものへと導かれていくのだ。**

どうでしょうか。線を引いた二つの箇所を比べてみて、何か気づくことはないでしょう

か。もう一押し、さらに分析を進めるなら、

・読書＝本を読むこと
・人を作る＝その人の内面が、より深いものとなる

と整理することができますよね。等号の記号を用いてしまっていますからもうおわかりだと思いますが、この線を引いた二つの箇所は、基本的に、同じことを言っている。もちろん、最初のほうがコンパクトな言い方で、二つ目のほうがより詳しい言い方になっているという違いはあります。ですが、言っていることは、だいたい一緒であるわけです。

はい、そうですね。

ここには〈言い換え〉という構成が認められ、そしてその〈言い換え〉が、文章のつながりを作り出しているということになります。〈言い換え〉は、〈反復〉と言ってもいいですし、ちょっとかっこつけて〈換言〉と呼んでも同じことです。〈繰り返し〉と表現したほうが、しっくりくるかもしれません。先に確認した〈抽象↓具体〉あるいは〈具体↓抽象〉という構造も、〈具体的に言い換える〉〈抽象的に言い換える〉と考えれば、この〈言

い換え〉のバリエーションであると考えることもできますね。

いずれにせよ、文章中に同じことが何度も述べられていれば、私たち読み手は、そこにつながりを見出すことができるということです。

付け加えるなら、文章の書き手は、よほど特殊な理由でもなければ、どうでもいいことを繰り返して書くことなどしません。重要なメッセージであればこそ、何度も何度も反復するわけですよね。つまり、この〈言い換え〉が作り出すつながりを追うことは、その文章における大切なメッセージを読み取るうえで、非常に効果的な読み方になることが多い。

このことも、あわせて覚えておいてください。


POINT! 同じ内容の〈言い換え〉という構成は、文章のつながりを作り出す！

〈対比〉〈因果〉などは文章のつながりを知らせるサイン〈ステップ2〉

続きまして、以下の文章を分析してみましょう。これもまた、文章を構成する何かしらの要素が〈文章のつながり〉を作り出しているのですが、それがどのような要素であるかを考えながら読んでみてください。

時計という機械によって示された時間のことを、客観的な時間と呼んでみよう。逆に、主観的な時間というものを考えることもできる。「お腹がすいたなあ。そろそろお昼かな」というように感じる、そんな時間である。

三つの文で構成されている文章です。

まず、二つ目の文と三つ目の文のつながり方を確認してみましょう。

二つ目の文 **逆に、主観的な時間というものを考えることもできる。**

三つ目の文 **「お腹がすいたなあ。そろそろお昼かな」というように感じる、そんな時間である。**

ここは、三つ目の文が、二つ目の文に対する具体的な例となっていますね。

抽象：主観的な時間
具体：「お腹がすいたなあ。そろそろお昼かな」というように感じる、そんな時間

という関係で、〈抽象→具体〉という構造が作り出すつながりということになります。

ただし、この文章で着目したいのは、一つ目の文と、他の残りの文（二つ目の文・三つ目の文）とのつながり方です。

ここには、

一つ目の文　時計という機械によって示された時間のことを、客観的な時間と呼んでみよう。

↔ 対比

二つ目の文　逆に、主観的な時間というものを考えることもできる。

三つ目の文　「お腹がすいたなあ。そろそろお昼かな」というように感じる、そんな時間である。

という対比の構造を確認することができますよね。対比、すなわち、何かと何かを比べたり比較したりすることです。ここでは「客観的な時間」と「主観的な時間」とが〈対比〉されています。もちろん、この〈対比〉の関係が、文章のつながりを作り出しているわけです。

POINT!

〈対比〉という構成は、文章のつながりを作り出す！

そしてこの〈対比〉には、例えば以下のようなものも頻出します。

国際化を理由に、〈話せる英語、聴ける英語〉の重要性を説く言葉は多い。しかしながら、英語学習における読み書きの重要性が低くなったわけではないのだ。

この文章も、

一つ目の文　〈話せる英語、聴ける英語〉の重要性
↔対比
二つ目の文　英語学習における読み書きの重要性

という〈対比〉を軸として構成されています。そしてもう少し細かく見ていくと、一つ目の文の末尾は「……を説く言葉は多い」となっています。これは、この文章の筆者がそう説いているわけではなく、世の中にはそういった意見が多い、といったような意味を持つ言い方ですよね。このように、〈筆者自身がそう思っているわけではないが、世間一般ではそのように言われることが多い意見や考え方〉のことを、〈一般論〉と言います。

これに対して、二つ目の文で「英語学習における読み書きの重要性」を主張しているのは誰でしょうか。これは間違いなく、筆者であるはずです。つまり、この文章の〈対比〉は、

一つ目の文　〈話せる英語、聴ける英語〉の重要性：一般論
↔対比
二つ目の文　英語学習における読み書きの重要性：主張

という形で構成されているわけですね。なぜ、〈対比〉が作り出す〈文章のつながり〉のなかでもとりわけこの〈一般論／主張〉の対比にこだわるかと言えば、この構造を意識しながら読むことによって、要点を把握することのできる文章が少なくないからです。具体的には、「お、ここは文末に『……と考えられることが多い』とあるから、たぶん〈一般論〉だな。ということは、ここと〈対比〉されているところに、筆者の言いたい大切な情報が述べられている可能性が高いぞ……」などと読むことができるわけです。一般論を見つけたら、それと対比される記述を見つけ、そこを重点的に読む。これは、とても大切なポイントとなります。

さらにいきましょう。今度は、以下の二つの文章を見比べてみてください。

A　風邪をひいた。だから病院に行った。

B　風邪をひいた。なぜなら病院に行ったからだ。

A、そしてBともに、「風邪をひく」「病院に行く」という二つの要素を核として成り立っています。しかしながら、それぞれの文章が全体として意味するところは、かなり異なりますよね。

では、何がその違いを作り出しているのか。

まず、Aのほうですが、これは、

風邪をひいた。だから病院に行った。

[原因] 風邪をひいた。　↓　[結果] 病院に行った。

というつながりになっているのがわかります。もちろん、「だから」という語が、そういうつながりを作り出している。

対して、Bはどうでしょうか。

風邪をひいた。なぜなら病院に行ったからだ。

[結果] 風邪をひいた。　↑　[原因] 病院に行ったからだ。

という構造を確認することができます。「なぜなら」および「からだ」という語句が作り出すつながりですね。病院の待合室かどこかで、風邪のウイルスをもらってきてしまったのでしょうか。

ともあれ、このAおよびBは、そこに用いられている二つの要素については同じながら、その原因と結果の関係、すなわち〈因果〉のつながりが反転してしまっています。だから、全然違う意味を表す文章となる。〈因果〉がひっくり返ると文意が変わってくるということは、逆に言えば、この〈因果〉という構造も、〈文章のつながり〉を作る大切な要素ということになるでしょう。

POINT!

〈因果〉という構成は、文章のつながりを作り出す！

文章のつながりを作り出す要素は、他にもまだまだあります、例えば、「第一に……第二に……第三に……」などという〈並列〉や、「ただし……」などの〈補足〉、あるいは、「さて」「ところで」などもまた、〈転換＝話題を変える〉というつながりを作り出してい

ることになります。さらには、

三年前に買って積読しておいたままの本がある。明日はそれを読もうと思う。

という文章においては、二つ目の文のなかの指示語「それ」が一つ目の文の内容を指し示すことによって、つながりが構築されていますよね。はたまた、

近所の魚屋で、マグロを購入した。おいしかった。

という文章はどうでしょうか。二つ目の文、「おいしかった。」には、何がおいしかったのかが示されていません。いわゆる、省略ですね。「何が」の「何」に該当する「マグロ」のことを言っているのはわかりきったことなので、いちいち述べなくてもよいわけです。

では、なぜ「マグロ」のことを言っているとわかるのか？

それはもちろん、一つ目の文できちんとそれを示しているからです。

ということは、「マグロが」という要素を省略した「おいしかった。」という二つ目の文

は、一つ目の文の内容を受けて、初めて成立するものであることになる。ここに、一つ目の文と二つ目の文のつながりが認められるわけですね。言うなれば、省略が作り出す文章のつながり、といったところでしょうか。

もう一例だけ、確認してみましょう。

彼女はあらゆるテストで満点をとった。天才なのだ。

この文章に関しては、例えば、

- **天才なのだ↓彼女についての認識**
- **あらゆるテストで満点をとった↓そう認識した理由＝原因**

と分析し、〈因果〉のつながりを想定することもできるし、あるいは、

・あらゆるテストで満点をとった↓具体的な根拠
・天才なのだ↓具体的な根拠から抽象した内容

と考え、〈具体↓抽象〉もしくは〈言い換え〉ととることもできます。もちろん、二つ目の文の「天才なのだ」には「誰が」という要素が欠けています。この〈省略〉が、一つ目の文の中にある「彼女は」からのつながりを作り出しているとも言えますよね。ちなみに言うと、「天才なのだ」の「のだ」という言い方は、前の文の内容について、詳しく説明したり、理由を説明したり、あるいは抽象的な意味付けをしたり、などという働きを持っています。つながりを作り出す表現の一つということになります。

このように、文と文、あるいは文章のつながりを作り出す要素は、たくさんあります。そして文章の書き手は、このようなつながりのなかで、自分の考えを述べていく。これは逆に言えば、文章の読み手は、文章のつながりを追いかけていくことで、書き手の考えを理解できるということですよね。本書の初めのほうで、

文章を読み、その内容を自分のものにするには、確かに文章全体を通じて書き手が

最も言いたかったことを見極める必要があります。そのためには、当然、冒頭から最後までの話の展開を理解しなければなりません。

と述べたのは、まさにそのことだったのです。「冒頭から最後までの話の展開」とは、言うまでもなく、〈文章のつながり〉が作り出すものです。

つながりがわかれば、言いたいことがよくわかる〈ステップ3〉

では、本章の最後に、以下の文章を読んでみましょう。もちろん、文章のつながりを意識しながら。

有酸素運動を日課とすることは大切だ。有酸素運動とは、ウォーキングやジョギング、スイミングなど、長い時間継続することの可能な、身体への負荷があまり強くない運動のことである。私も毎日30分ほど、軽く息切れがするくらいの速度でウォーキングしているが、それを一年間続けた結果、高めだった血圧の数値

が平均的な数値で安定するようになった。また、中性脂肪の数値も明らかに減少し、かかりつけの医師に褒められた。医師に聞いたところ、医学的にもその効果は確認されているとのことだ。このように、有酸素運動には健康を増進する効果がある。だから私は、有酸素運動の重要性を主張するのだ。

整理していきます。

まず、冒頭に、「有酸素運動を日課とすることは大切だ。」とあります。いきなり著者の主張が述べられるパターンの文章ですね。そしてこの一つ目の文に対して、二つ目の文には、

有酸素運動とは、ウォーキングやジョギング、スイミングなど、長い時間継続することの可能な、身体への負荷があまり強くない運動のことである。

とあります。この文は、冒頭の文のなかのキーワード「有酸素運動」について、その辞書的な意味を説明していることがわかりますね。〈抽象↓具体〉あるいは、〈詳しい言い換

え〉などのつながりと考えてよいでしょう。

では、三つ目の文はどうでしょうか。

私も毎日30分ほど、軽く息切れがするくらいの速度でウォーキングしているが、それを一年間続けた結果、高めだった血圧の数値が平均的な数値で安定するようになった。

ここは、冒頭の一文ですでに述べられている「有酸素運動を日課とすることは大切だ」という主張に対して、そう主張する根拠、あるいは理由と考えられます。一つ目の文と三つ目の文との間には、〈因果〉のつながりがあるということです。もちろん、四つ目の文、

また、中性脂肪の数値も明らかに減少し、かかりつけの医師に褒められた。

も、あるいはその次の文、

医師に聞いたところ、医学的にもその効果は確認されているとのことだ。

も、すべて、冒頭の主張に対する根拠、理由です。では、さらにその次の一文はどうでしょうか。

このように、有酸素運動には健康を増進する効果がある。

この一文は、冒頭の「このように」でわかるように、まとめる＝抽象化する役割を担っています。直前の三つの文の内容、すなわち、冒頭の主張に対する理由をぎゅっとコンパクトに言い換えているわけですね。〈具体→抽象〉という展開になっています。そして、

だから私は、有酸素運動の重要性を主張するのだ。

という最後の一文は、冒頭の主張の〈言い換え〉あるいは〈反復〉とみなすことができます。書き手にとって、よほど強調したい、大切な内容なのでしょう。

では、以上の分析を踏まえ、この文章のつながりを図示してみたいと思います。

【主張】

有酸素運動を日課とすることは大切だ。

↑

【キーワード「有酸素運動」の説明】〈言い換え〉

有酸素運動とは、ウォーキングやジョギング、スイミングなど、長い時間継続することの可能な、身体への負荷があまり強くない運動のことである。

↑

【主張に対する理由①】〈因果〉

私も毎日30分ほど、軽く息切れがするくらいの速度でウォーキングしているが、それを一年間続けた結果、高めだった血圧の数値が平均的な数値で安定するようになった。

↑

【主張に対する理由②】〈因果〉

また、中性脂肪の数値も明らかに減少し、かかりつけの医師に褒められた。

←

［主張に対する理由③］〈因果〉

医師に聞いたところ、医学的にもその効果は確認されているとのことだ。

←

［主張に対する理由①〜③のまとめ］〈具体→抽象〉

このように、有酸素運動には健康を増進する効果がある。

←

［主張の反復］〈言い換え〉

だから私は、有酸素運動の重要性を主張するのだ。

どうでしょうか。つながりを把握しながら文章を読むということのイメージを、皆さんがざっくりとでも持つことができたなら幸いです。

3章「要約力」が世の中を生き抜く力になる

大人にとっても要約の習慣が必要な理由〈ステップ1〉

さて、要約です。

皆さんも、例えば小中高の国語の授業、あるいは大学などでのレポートで、要約を課されたり、あるいはその重要性を諭されたりしたことがあるのではないでしょうか。かく言う私も、教える相手が誰であれ、要約やそれに準じた訓練の必要性を強調してきました。大学受験の参考書として要約に特化した本（『無敵の現代文』かんき出版）を出していますし、一般向けに書いた本（『〝深読み〟の技法』笠間書院）のなかでも、要約について重点的に解説する章を設けているほどです。何しろ本書のタイトルにもまた、「要約力」と銘打っているわけですから、私がどれほど要約を重視しているかは、ご理解いただけるかと思います。

では、要約はなぜ大切なのか。

それについては、様々な答えを挙げることができます。

まず、要約を作成するには、丁寧に文章を読む必要があります。いいかげんに流し読みをするのでは、文章の大切なポイントをつかむことはできませんからね。となると必然的に、要約を意識すると、文章を読む際の集中力が上がる。結果として文章に対する理解も深まることになります。

あるいは、要約を続けていくと、文章の構成のあり方を身につけることができます。文章の書き手は、自らの言いたいことを伝えて読み手を説得するために、いろいろな構成を用いて文章を組み立てます。2章で確認した〈因果〉〈対比〉〈言い換え〉〈具体→抽象〉などのつながりもまた、そうした構成の典型的な例なのですね。ですから、要約を通じ、読者を説得するうえで効果的な文章の構成を身につけることができた人は、当然、自分が文章を書くのもうまくなる。あるいは、スピーチなども、効果的に組み立てることができるようになる。これは、社会を生きていくうえで、非常に大切なスキルとなるはずです。この点については、第2部「核心を他人に伝える力」で詳しくお話ししたいと思います。

そして、要約の作成は、皆さんの表現力を鍛えてもくれます。要約には本文の記述を拾い、それをツギハギしていく方法が多くとられますが、その際、表現に自分なりの修正を加えないと、日本語としてうまくつながらないことがあります。あるいは、冗長な文を、自分の持っている語彙でコンパクトに言い換えたりする作業も必要になったりします。このような作業をするなかで、自分の言いたいことを他者に伝えるうえでとても大切な能力、すなわち表現力が向上していくわけですね。

このように、要約には様々なメリットがあります。

他にも多々挙げることはできます。

けれども、本書『できる大人の「要約力」　核心をつかむ』の第1部「核心をつかむ力」でまず強調したいのは、右に述べてきたことではないのですね。とするならば、ここで皆さんにお伝えしたい要約のメリットとは、いったいどのようなものなのか。

1章「その文章から何を読み取るのか」で、

POINT!

文章から得られる情報、メッセージ、論点は、様々にある。それらを抽出し、自分にとって大切だと思うものはメモに整理しておく。

ということを言いました。またその目的として、

POINT!

文章から得た情報、メッセージ、論点、自分の考え方などをメモに残しておくと、文章の読み方、そして世界や社会に対する見方がより深く、より多角的なものとなる。

ということを強調しておいたのですが、覚えていますでしょうか。そこでは、このようなことも述べています。

　文章から情報やメッセージ、論点を引き出す際に、あるいは自分の考えをまとめる際に、それまでに習得した知識が〈思考の軸〉としてとても重要な働きをする。それ

は間違いなく確かなことと言えます。

そして、「それまでに習得した知識」の例として「レジリエンス」という概念を参照しながら、津波をめぐる記事を〝より深く読む〟、という実践をしてみましたよね。以下は、そのときに作成したメモの例です。

あえて風雨で劣化する木製にすることで建て替えるたびに教訓を心に刻み、風化を防ぐ狙いがある。

（「河北新報 ONLINE NEWS」2021年3月12日）
https://kahoku.news/articles/20210312khn000032.html

↓碑は木製である。その目的は、劣化しやすい素材にすることで建て替えの頻度を増やし、記憶の忘却を防ぐことにある。
↓しなやかな強さ、回復力＝レジリエンス！
↓予測不可能な現代の社会、現代の世界を生き抜いていくうえで、必須の力！

そう。何かしらの文章を読む際、それに先立って読み手がすでに手にしている知識は、その文章を読むうえで様々な角度から大切なものとなるのです。

となれば、もうおわかりでしょうか。

文章を要約することは、その文章の書き手の考え方を自らの知識として所有することに等しい。そしてもちろん、そうした知識もまた、文章を読むうえでの重要な〈思考の軸〉となる。つまり、これまでに読んできた文章、あるいはそこで述べられる考え方や主張を自らの知識として活用しながら、目の前の文章から、より深く多角的に情報やメッセージ、論点を引き出すことができる。もしくは、自分の意見を考えることができる。だからこそ、要約というのは、文章の読解においてすこぶる意義のある実践であると言えるわけです。

POINT!

要約によって得た知識や考え方を参照しながら読むことで、文章から、よりたくさんの情報、メッセージ、論点、あるいは自らの意見を引き出すことができるようになる。

“つぎはぎ”するのが要約じゃない〈ステップ2〉

というわけですから、皆さんには、可能なかぎり、要約というものに時間を費やしてほしいんですね。電車のなかでスマホをいじりながら、というのは難しいかもしれません（私はけっこうやりますが）ので、机に向かってじっくり文章と格闘しながら、読んだ内容をギュッとまとめるという時間を、ぜひ、定期的に作っていただきたい。

となると、もちろん、「それならば、実際にはどのように要約を作ればいいのか」という質問は出てくるでしょう。つまりは、〈要約の方法〉ですね。

ただ——その説明は、なかなかに難しい。

というのも、文章というのは実に様々な書かれ方をするもので、そのすべてに通用するような普遍的な要約法なるものは、ちょっと考えづらいんです。言ってしまえば、「とにかく作ってみる」という場当たり的なやり方を繰り返していくうちに、いつのまにかコツをつかんで、うまくなってゆく——そういう説明だって、アリだと思います。文章の読みや書きの技術の体得において、慣れというのは、本当に大切なものなんですよね。そもそも、皆さんが要約を作成するのは、「テストで良い点数をとるため」とか「入試に合格するため」ではないわけですから、自分で作成した要約が、例えば国語的な観点から言えば傷のあるような内容だったとしても、別にどうということはない。

けれども、そんな〝説明〟で「さあ、では以下の文章を要約してみましょう！」といきなり課題に取り組んでもらうのはあまりにあまりですから、ちょっとした指針については示しておきたいと思います。

皆さんが要約に励むべき理由は、本書のコンセプトにおいては、何より**「文章を読む際に参照する〈思考の軸〉としての、考え方・知識」を体得する**、というところにあります。である以上、作成した要約は、様々な文章の読解に応用できるよう扱いやすい性質を持っていると嬉しい。では、どのような要約であるならば、そうした用途に用いやすいか。その一つに、なるべくコンパクトにまとめる、という点が挙げられると思います。

どういうことか。

まず、コンパクトにまとめられているということは、話の内容がより抽象的になっているということを意味します。となるとそのぶん、他の様々な文章とのリンクが貼りやすくなる。たとえるなら、〈一つの林檎と一つの林檎を合わせて二つの林檎〉という具体的な情報は、林檎を数えるときにしか使えませんが、これを抽象化して〈1＋1＝2〉とすれば、あらゆるものを数えることに応用できるわけです。汎用性の高い知識にするためにも、要約はなるべくコンパクトに抽象化したい。

あるいは、コンパクトにまとめることができれば、当然、頭のなかに記憶しておきやすくなります。もしくは、記憶できなくとも、リストなどを作成し、参照することも容易になるはずです。

では、そのように応用力のある知識とするためにコンパクトな要約を作る上で、そこに最も盛り込まなくてはいけない要素は何か。つまり、要約の核となる要素は何か。

それは当然、その文章を通じて書き手が私たちに伝えたかったこと、すなわち主張ということになりますよね。要約は、主張を軸としてコンパクトに構成する。「なーんだ。そんなの当たり前じゃないか」という声も聞こえてきそうですが、要約を苦手とする人ならば、この点を意識するだけでも作りやすくなるはずなので、あえて強調しておきます。

POINT!

要約は、筆者の〈主張〉を軸として、コンパクトにまとめる。

それでは、ちょっと前に参照した「有酸素運動」について述べた文章はどうでしょうか。その文章のつながりについては、以下のように整理しました。

【主張】
有酸素運動を日課とすることは大切だ。
↑
【キーワード「有酸素運動」の説明】〈言い換え〉
有酸素運動とは、ウォーキングやジョギング、スイミングなど、長い時間継続することの可能な、身体への負荷があまり強くない運動のことである。
↑
【主張に対する理由①】〈因果〉
私も毎日30分ほど、軽く息切れがするくらいの速度でウォーキングしているが、それを一年間続けた結果、高めだった血圧の数値が平均的な数値で安定するようになった。
↑

［主張に対する理由②］〈因果〉
また、中性脂肪の数値も明らかに減少し、かかりつけの医師に褒められた。
←［主張に対する理由③］〈因果〉
医師に聞いたところ、医学的にもその効果は確認されているとのことだ。
←［主張に対する理由①〜③のまとめ］〈具体→抽象〉
このように、有酸素運動には健康を増進する効果がある。
←［主張の反復］〈言い換え〉
だから私は、有酸素運動の重要性を主張するのだ。

もし、この文章を用いて最もコンパクトな要約を作れと言われれば、それはもちろん、二度反復されている主張を軸としてまとめることになるわけです。冒頭の文と、最後の文ですね。どちらもほぼ同じことを言っていますから、どちらか一方を軸に使わせてもらえ

ばいい。つまりは、

有酸素運動を日課にすることは重要だ。（18字）

これで、最低限の要約は作成できたということになります。

いや、いくらなんでも主張文を書き抜いただけに近いこんなものを、要約と呼ぶのはどうなのか——そんな批判も想定されます。そしてその批判は正しい。実は、この内容を要約と呼ぶにふさわしくない理由は、確かにあるのです。それについては、すぐこの後で説明します。

ただし、たとえこのような淡泊な〝要約〟だとて、それを作ると作らないとでは大違いだということも事実です。「有酸素運動を日課にすることは重要だ」という考え方がこの文章全体を通して筆者が最も言いたかった主張であると把握するには、右に再掲したように、文章のつながり、あるいは話の展開をきちんと整理する必要があります。それには相応の集中力がいる。となれば、要約の効用について述べたところでも少し触れた通り、結果として文章に対する理解も深まるはずです。そしてもちろん、このコンパクトな〝要約〟

だって、次の文章を読む際に参照するための確かな知識になるわけです。要約を本当に苦手とする人は、まずはこうしたあっさりとしたものから作ってみることをおすすめします。

けれども、もちろんここは到達点ではありません。

最初はここから始めた人も、慣れたらもう少しレベルの高いものを目指してほしい。

では、どうするか。

主張をのみ軸として作成した〝要約〟に、どのような要素を付け足すと、よりレベルの高い要約とすることができるのか。

その答えは、ずばり、主張に対する〈理由・根拠〉です。

なぜか。

それは、〈理由・根拠〉をきちんと示すことで、〈主張〉の持つ説得力がグンと増すことになるからです。考えてもみてください。ただ単に自分の言いたいことを繰り返すだけの文章や発言を目や耳にして、皆さんは、「おおなるほど！」と思いますか？　たぶん、そうはならないと思います。「なぜだよ」「ソースは？」とつっこみを入れたくなるはずです。

そう。

よりレベルの高い要約を作るには、だから、〈主張〉に対する〈理由・根拠〉を明示する必要がある。

POINT! 要約は、筆者の〈主張〉を軸として、その〈理由・根拠〉を示しながらコンパクトにまとめる。

さて、「有酸素運動」の文章です。これについて言えば、〈主張〉に対する〈理由・根拠〉は、

[主張に対する理由①]
←
[主張に対する理由②]
←
[主張に対する理由③]
←
[主張に対する理由①～③のまとめ]

このように、有酸素運動には健康を増進する効果がある。

という展開でまとめられていました。この場合は、〈主張に対する理由①〜③のまとめ〉を使えばいい。なぜなら、〈まとめ〉すなわち〈抽象〉は、具体的な事例のすべてを受けることができるからです。例えばキャベツやニンジン、大根という個々の例は、野菜という抽象的な概念を言えば、全部そこに含めることができるということです。だからここでは、主張に対する〈理由・根拠〉としては、「有酸素運動には健康を増進する効果がある」とだけ言えば問題ありません。いちいち、〈主張に対する理由〉①〜③に言及せずとも、必要な情報を示すことはできるわけです。

以上を踏まえ、この文章の要約を作るなら、

健康を増進する効果があるので、有酸素運動を日課にすることは重要だ。（33字）

などとまとめることができます。他にも、

有酸素運動は健康を増進するので、それを日課にすることは重要だ。（31字）

あるいは、

有酸素運動を日課にすることは重要だ。なぜなら健康を増進する効果があるからだ。（38字）

などという書き方もあるでしょう。

もちろん、要約において大切なポイントは〈主張―理由・根拠〉には限りません。論の展開の仕方しだいでは、〈主張〉に対する〈対比〉を付け加えたほうがよい場合もあるでしょう。あるいは、今回は具体例をカットして抽象的な記述のみを拾いましたが、時には具体的な情報にある程度は言及したほうが要約の質が上がることもあるかもしれません。そうした判断ができるには、やはり個々の文章における文と文のつながり方、話の展開を把握することが大前提になります。「話の展開を整理してみたところ、この文章の〈主張〉を説得力あるものにするには、〈対比〉の要素も要約に組み込んでおいたほうがいいとわかった」――例えば、そんな判断もできるようになるわけですね。もう一度、本書の最初のほうで述べたことを引用しておきます。

なるほど、文章を読み、その内容を自分のものにするには、確かに文章全体を通じて書き手が最も言いたかったことを見極める必要があります。そのためには、当然、冒頭から最後までの話の展開を理解しなければなりません。本書でも、そこには力を入れて解説していきたいと思っています。

要約に必要な要素を把握するためにも、〈話の展開を理解する〉ことは、とても大切なことなのです。最初は「めんどうくさいなぁ……」と思っても、じっくり、文章のつながりを考えながら読んでいってください。そのようにしてある程度文章に入っていくことができれば、あえて言葉にせずとも、そうした流れを意識しながら、かつペースアップして読むことができるようになっているはずです。

なお、ここまでずっと〈文章のつながり〉にこだわれと繰り返してきながらなんなのですが、文章の種類や書かれ方、あるいは筆者のクセによっては、それがなかなかに把握しづらいこともあります。どんな人間も完璧な文章など書けませんから、いかな著名な書き手が著した文章とて、そこには話の飛躍があったり、何かしら脱線があったり、あるいは不必要な情報がノイズとして混じり込んでいたり、文の構造や組み立てが不明瞭な悪文が現れたりすることもあります。ですから、〈文章のつながり〉については、完璧に把握することなどは意識しなくてかまいません。ざっくり、わかるところを確実につかんでいけば、極端に難度の高い文章でもなければ、概ね問題はない——このくらいの気軽な気持ちで臨みましょう。

要約の題材選びは、〝知の収穫〟がポイント〈ステップ3〉

要約の意義と、その作り方についてのおおまかなイメージはつかめたかと思います。というわけで、善は急げ、皆さんも今日この日から、要約の実践にチャレンジしてみてください——と言いたいところなのですが、おそらく、少なからぬ方々が、「要約の意義や作り方についてはわかったけれども、それならば、いったいどのような文章を要約の課題文に選ぶべきか。それを教えてほしい」という疑問を持たれるのではないでしょうか。

どのような文章を要約の課題文に選ぶべきか。

それはもちろん、個々人や、その個々人の目指す方向によって異なってくるはずです。特殊な専門領域についての読解力を高めたいなら、もちろんその領域について扱う専門書やその入門書、あるいは学術論文などを要約の対象にしなくてはいけません。

けれども、本書において想定しているのは、あくまで一般の人々――一般の人々などというカテゴリーが成立するか否かは議論を呼びそうですが――が、この社会や世界について知り、考えるうえで、その〈思考の軸〉とすべき考え方・主張を身につけるための要約です。例えば、通勤電車のなかで何気なくスマホのニュースや記事に目を通しているとき、「……お」と思うことのできるような、教養を。津波の到達地点を石碑ではなく木碑にするという記事を読んでレジリエンスという言葉を想起し、あるいは難民の統計的数値を伝える記事を読んで個々の難民の具体的な生に思いを馳せ、そしてそのような気づきから、思考を展開していくことのできるような、そんな知のネットワークを――。

では、どんな媒体を用いれば、そうした一般教養的な知を数多く身につけることができるか。

ここで、新聞の「社説」を思い浮かべた方もいるかもしれません。

確かに、新聞の提供する情報は、その多くが現代の社会や世界についての時事的な話題であり、私たちのこれからを考察するうえで大切な視座を形作ってくれます。ですから、読んだ新聞記事や社説に感じるところがあるなら、もちろん、それらを要約の課題文に選んでいただいてかまいません。

ただ、これは経験のある方もいらっしゃるのではないかと思いますが、実は、新聞記事や社説は、必ずしも要約という作業に向いているというわけではないのですね。

まず時事的な記事においては、単に事実を述べただけで書き手の考えや主張が述べられていないような文章も多い。こういった記事については、要約を作成するうえで軸にする要素を見極めにくく、その内容を端的にまとめることは難しいことが少なくない。

あるいは、社説については明確な主張が述べられていることが基本ですが、専門的な知識を有していないと理解に難しい文章であったり、もしくは、多角的に情報を提供しようという考え方からか、様々な話題を盛り込んだ文章も少なくない。そうすると、一つの〈主張〉をギュッとつかんで、そこを軸にコンパクトな要約を作ることが厳しかったりもするわけです。こうした文章を活用しようと思うなら、その記事の全体をまとめるというよりは、自分にとって最も勉強になったと思うポイントだけに着目し、そこに絞って〈主張―理由・根拠〉という型の要約を心がけたほうがよいかもしれません。

では、新聞以外に、要約の課題文とするに向く媒体は何か。

それはもちろん、本ということになります。そしてその本にしても、入手しやすいものであり、かつ、一般性の高い内容を扱うものとくれば、やはり、新書というメディアを挙げることになるでしょう。

ただし、これも実は要注意で、岩波新書、NHK出版新書、講談社現代新書、集英社新書、ちくま新書、中公新書、平凡社新書……等々、教養本として信頼の置ける有名な新書レーベルは多々あり、名著も星の数ほど出版されているのですが、なかには、学問的な専門性の非常に高いコンテンツもあったりする。「新書ということは一般向けなのだろう。じゃあ読んでみるか」と購入してみたものの、自分には到底読み切れる難度ではなく、挫折してしまった――という経験をお持ちの方もいらっしゃるのではないでしょうか。ここだけの話、私もあります。しかも、けっこうな頻度で。

というわけで、世の中では〈新書＝一般向けの入門書〉というイメージも強いかと思うのですが、そうした思い込みは、捨ててしまったほうがいいでしょう。私の先輩にあたる人が、自分の生徒に向け、新書は、なるべく3冊買いましょう。そして、とりあえずそのうちの1冊を読み始めてみて「これは今の自分には無理」と思ったら、そっと本棚にしまえばいい。本棚に置いておきさえすれば、いつか読むチャンスもある。で、次の1冊に移ってしまうわけです。それも難しければ、早々に見切りをつけて、次の1冊へ……3冊あれば、よほど運が悪くないかぎり、どれか1冊くらいは、自分にとって取り組みやすいものもあるはずです。

とアドバイスをしていました。私も「なるほど」と思い、いろいろなところで同じような助言をしています。

とはいえ、繰り返しますが、たとえ『○○入門』と銘打っていても、新書には相当に難解なものも少なくない。とくに思想や哲学が絡むような内容である場合、そうした傾向はより顕著になります。けれども、世界のこれからを考える視座を構築するうえで、思想や哲学系の知は、やはり捨てがたい……となったとき、実は、ぜひともおすすめしたいものがあるんですね。それは、中学生、高校生向けに書かれた入門書です。

レーベルの名前を具体的に挙げるなら、岩波書店の「岩波ジュニア新書」、および筑摩書房の「ちくまプリマー新書」、あるいは平凡社の「中学生の質問箱」や創元社の「あいだで考える」あたりは、本当に優秀な媒体となります。「優秀」というのは、もちろん、私たち大人が一般的な教養を身につけるうえで優秀、ということです。

「いや、さすがにそんな子ども向けの本を勧められても……」

そう思った方もいらっしゃるかもしれません。ひょっとすると、「大人に向かってそんなものを読めとは、ばかにしているのか」と、気分を害されたでしょうか。

もし、そのように思われたなら——だまされたと思って、例えば、川北稔《みのる》『砂糖の世界史』(岩波ジュニア新書)、平賀緑『食べものから学ぶ世界史』(岩波ジュニア新書)、小林亜津子『はじめて学ぶ生命倫理』(ちくまプリマー新書)、亀井秀雄監修・蓼沼《たでぬま》正美著『超入門！現代文学理論講座』(ちくまプリマー新書)、齋藤純一『中学生の質問箱　平等ってなんだろう？』(平凡社)、長岡慎介『中学生の質問箱　お金ってなんだろう？』(平凡社)あたりから、一冊、試しに読んでみてください。あるいは、次章でも、岩波ジュニア新書から杉原泰雄『憲法読本　第4版』という文章を引用しています。これらを読んでみて「なんだ、やはり中高生向けのレーベルだけあって簡単だな……」と感じられたのなら、もちろん、大人向けの新書などを購入されることをおすすめします。けれどももし、「……ん……なかなかに手応えがあるな……」と思ったなら、しばらくのあいだは、ジュニア向けのレーベルを読み込むほうがよいでしょう。

私は、長年のあいだ、文章の読み書きを指導する職業に就いてきました。また、本書のような読み書きのハウトゥー本も何冊か出版しています。口幅ったい言い方になってしまいますが、一応、文章のプロ、として生きているわけです。そんな私が読んでも、これらのジュニア向けレーベルから刊行されている本は、十分に勉強になります。いわんや、自分の専門外の領域について調べたり学んだりするときなどは、「神様仏様、ジュニア向け新書さま……！」と感謝したいくらいにお世話になっています。大袈裟ではなく、これらは、この社会の知的なレベルを底上げするうえで、欠かすことのできないものであると確信しているんですね。そのことは、付言しておきたいと思います。

さて、というわけで、大人向けの新書にせよ、中高生向けのレーベルにせよ、書籍を要約の課題文とするという方向性で、話を進めていきたいと思います。

となると、問題となってくるのは、要約という作業をするうえで一冊の本をどのように活用するのか、ということです。一冊の本をまるまる要約するというのは、ちょっと現実的ではありませんよね（章ごとに要約を作り、最終的に全体をつなぎ合わせる、というやり方なら、私は時折実践しますが）。

ならば、どうするか。

小分けにして、要約する。

タイプにもよりますが、基本的に新書の多くは、意味段落や文章のまとまりごとに、小見出しなどをつけて、分割する構成をとっています。その個々のまとまりごとに、要約を作成する。

あるいは、時間のあまりとれないときなどは、自分の読めた範囲だけ、場合によっては一つの段落にしぼって内容をまとめたっていい。

ちょっと話がずれますが、小見出しなどで分けられたまとまりは、ときに、要約に向いていない箇所もあります。例えば、具体例を列挙しているだけとか、主張や考えが述べられていないとか、筆者の主張ではなくそれと対照される一般論だけが紹介されているとか、あるいは、話が本筋から脱線してしまっている、など。そのような箇所は普通に読むだけにして、筆者の主張や考え、あるいは皆さん自身が「おお！」と思った箇所などに限定して、その内容だけを要約する、という方法もあるでしょう。

以下に、書籍での要約の実践について、注意事項を箇条書きにまとめておきます。ご参照ください。

POINT!

・〈新書＝入門書〉という固定観念を捨てる。
・今の自分には難し過ぎると感じられたら、読むのをやめ、いさぎよく次の一冊に移る。
・ジュニア系のレーベルは、大人が一般的な教養を身につけるのにすこぶる優秀である。
・小見出しを利用して、部分部分の要約を心がける。
・その日自分の読めた範囲に限定して実践してもかまわない。
・一つの段落だけに絞って実践してもかまわない。
・要約に不向きな箇所についてはただ読むだけにして、要約する箇所を限定する。

本章の最後に、私たちが一般的な教養を身につけるのにうってつけなレーベルやタイトルを紹介しておきます。なお、レベルを星印で示しましたが、★の多いほど、難度が上がります。もちろん各レーベルのなかでも難易の差はありますし、私が読んだのはごく一部のタイトルだけです。それに、私の主観も多分に入っていますので、難度については、あくまで参考程度のものとお考えください。

▼おすすめのレーベル

【★☆☆☆☆】 中学生、あるいは読解力のある小学校高学年から読めるレベル。読書を本当に苦手とする人であれば、ここに挙げたレーベルから始めることをおすすめする。

□岩波書店：岩波ジュニアスタートブックス（ジュニスタ） ＊岩波ジュニア新書の入門版
（例）中満泉『未来をつくるあなたへ』、増田隆一『はじめての動物地理学』等々

□筑摩書房：ちくまQブックス ＊ちくまプリマー新書の入門版
（例）伊藤亜紗『きみの体は何者か』、内藤正典『トルコから世界を見る』等々

□河出書房新社：14歳の世渡り術 ＊科学から文学、社会問題まで、テーマが豊富
（例）仲野徹『みんなに話したくなる感染症のはなし』、松本俊彦『世界一やさしい依

存症入門』等々

【★★☆☆☆】中学生以上。ただし、タイトルによっては【★★★☆☆】レベルもあり。平均的な読解力をお持ちの方で、未習の内容を学びたいのであれば、ここから。

□**平凡社：中学生の質問箱**　＊中学生の質問に、識者が答えるという形式。

（例）齋藤純一『平等ってなんだろう？』、長岡慎介『お金ってなんだろう？』等々

□**創元社：あいだで考える**　＊2023年4月創刊の新しいレーベル。

（例）頭木弘樹『自分疲れ』、戸谷洋志『SNSの哲学』等々

【★★★☆☆】

□**筑摩書房：ちくまプリマー新書**　＊中には高難度のものも。

（例）亀井秀雄監修・蓼沼《たでぬま》正美著『超入門！　現代文学理論講座』、小林亜津子『はじめて学ぶ生命倫理』等々

□**岩波書店：岩波ジュニア新書**　＊中には高難度のものも。

（例）川北稔《みのる》『砂糖の世界史』、平賀緑『食べものから学ぶ世界史』等々
□NHK出版：100分de名著　＊NHKの同タイトル番組のテキスト。薄くて読みやすい。
（例）斎藤幸平『カール・マルクス　資本論』、苫野一徳『ルソー　社会契約論』等々
□NHK出版：学びのきほん　＊一般向けの教養書の新たな定番。
（例）松村圭一郎『はみだしの人類学』、若松英輔『考える教室』等々
□岩波書店：岩波ブックレット　＊タイトルが豊富。小冊子で読み切りやすい。
（例）保坂展人《のぶと》『相模原事件とヘイトクライム』、鷲谷いづみ『〈生物多様性〉入門』等々

【★★★★☆】～【★★★★★】
□岩波書店：岩波新書
□NHK出版：NHK出版新書
□KADOKAWA：角川ソフィア文庫
□講談社：講談社現代新書
□講談社：ブルーバックス　＊コンテンツは理系中心。

□集英社：集英社新書
□筑摩書房：ちくま新書　＊このレーベルの「入門」系は往々にして高難度。
□中央公論新社：中公新書
□平凡社：平凡社新書
□山川出版社：世界史リブレット／日本史リブレット　＊小冊子で読み切りやすい。

出版社で言うなら、例えば以下のようなところも一般向けの教養書を精力的に刊行しています。

□明石書店　https://www.akashi.co.jp/
□亜紀書房　https://www.akishobo.com/
□笠間書院　https://kasamashoin.jp/
□柏書房　http://www.kashiwashobo.co.jp/
□晶文社　https://www.shobunsha.co.jp/
□トランスビュー　http://www.transview.co.jp/

□**ミシマ社**　https://mishimasha.com/
□**ミツイパブリッシング**　https://mitsui-publishing.com/

もちろん、本書を刊行する出版社、**青春出版社**も、様々なジャンルの入門書や読み物をたくさん出版しています。教養を身につけるという意味では、歴史モノなどが充実していますね。公式ウェブサイトをご覧になって、興味ある一冊を探してみてください。

https://www.seishun.co.jp/

4章　どう読み、どうまとめるか…「要約力」の鍛え方

要約は3つの手順を意識する〈ステップ1〉

さて、いよいよ要約の実践です。２章や3章で〈文章のつながり〉や要約の作成の仕方を説明する際に参照した「有酸素運動」についての文章は、実は、私のほうで用意したものでした。当然、諸々の解説がしやすいように、意図的にわかりやすい構成や書き方にしてあります。分量も、短かったですよね。

けれども、この4章では、実際に出版されている本のなかから、要約の課題文を選んで

みました。3章で予告したとおり、岩波ジュニア新書から発売されている一冊です。杉原泰雄著『憲法読本　第4版』という本です。名著なので、ぜひ購入して、一冊丸ごと読んでみてください。

演習に入る前に、要約の手順を確認しておきましょう。以下のような流れを意識してください。

Ⅰ〈言い換え〉〈対比〉〈因果〉等、文と文とのつながりを把握可能な範囲で追う。
Ⅱ 話の展開を捉える　＊簡単なメモを作成しながら考えるとよいでしょう。
Ⅲ〈主張―理由・根拠〉を軸に、内容をコンパクトにまとめる。

テストや試験ではないので指定字数にはあまりこだわらなくてもよいのですが、でも、ある程度の目安をお伝えしておかないと、情報の取捨選択もしにくいですよね。そうですね……全体で１４００字くらいの文章なのですが、これを１００字程度でまとめてみてください。別にぴったり１００字である必要はありません。

では、トライしてみましょう。制限時間はありません。使えるだけの時間を十分に使ってくださいね。

【課題文】

日本国憲法は、「人民による、人民のための政治」を求める国民主権を原理とし、その具体化に不可欠なものとして、憲法に「第八章　地方自治」という独立の章を設け、「地方公共団体」に「地方自治」を保障しています。現代市民憲法でも、「地方自治」や「地方政府」という名称の章を設けている憲法は、ごく最近まで例外的でした。地方自治を重視する日本国憲法の姿勢が、よくあらわれています。なぜ地方自治を重視しなければならないのでしょうか。

いろいろな理由がありますが、ここでは二つのことだけをあげておきます。一つは、中央政府の政治では、「人民による、人民のための政治」が不十分となり、国民主権の要求にうまくこたえられないことです。もう一つは、それと密接にからんでいますが、わたしたちが、「国民としての生活」だけでなく、自然的、社会的、文化的条件を異にする「(地域) 住民としての生活」もしていることです。

①中央政府の政治は、国民代表制を原則としています。それは、一歩あやまる

と国民不在の党派政治・官僚政治になるおそれをもっています。内閣が国政の中心となり、国会がそれを十分に統制できない状況にある現代国家では、とくにそのおそれが強いといえます。しかも、中央政府の政治は、全国民・全国土を対象とする法律（一般的抽象的法規範としての法律）によっておこなわれるので、自然的、社会的、文化的条件の異なる各地域の多様な必要・要求にうまくこたえることも困難です。「人民による政治」も、「人民のための政治」もうまくおこなえないのです。

これに対して、市町村や都道府県では、地域が比較的に小さいので住民による直接民主制もできるし、きめこまかく各地域の住民の要求にこたえる政治もできます。住民に身近な政治だから、住民は、容易に情報や知識をえることができるし、関心をもつこともできます。地方公共団体には、「人民による、人民のための政治」をよりよくおこなえる条件があるのです。しかも、地方自治は、住民をその政治に積極的に参加させること（住民自治）を通じて、住民各人を主権者の成員としての意識と知識をもった「真の市民」にしていくこともできます。「民主主義の小学校」の役割です。トクヴィル（一八〇五―一八五九）は、その名著『アメリカにおける民主主義』（一八三五年・一八四〇年）のなかで、地方自治の重要性をそのように表現していました。国民主権の政治が地方自治を重視するのは、当然のことです。

②地方自治を重視して、各地方公共団体にその地域の生活・産業・文化を保護育成することができる権能と財源を保障しておかないと、その地域の生活・産業・文化が衰退してしまうことです。各地方公共団体は、自然的、社会的、文化的条件を異にし、中央政府ではうまく対応できない独自の生活・産業・文化をもっているからです。全国民に共通する「国民としての生活」とは異なった「住民としての生活」が営まれているからです。中央集権の明治憲法下でいわれていた「白河以北一山百文」（注）という言葉を思い出してください。地方公共団体の集まりが全体としての国であるところからすれば、地方公共団体の生活・産業・文化が衰退するということは、一国の生活・産業・文化の衰退をもたらすことになります。

地方自治の問題は、小さな問題ではなく、国家の根本問題です。

（杉原泰雄『憲法読本　第4版』岩波ジュニア新書）

（注）白河以北一山百文…「白河以北、つまり東北の地においては、山一つに百文の値打ちしかない」という意味の、東北を蔑視する言葉です。ここでは、地方公共団体の生活・産業・文化が衰退することの象徴として言及されています。

【解説】

それでは、〈言い換え〉〈対比〉〈因果〉等のつながりに着目しながら、話の展開を整理していきたいと思います。まずは、一つ目の段落から見ていきましょう。

日本国憲法は、「人民による、人民のための政治」を求める国民主権を原理とし、その具体化に不可欠なものとして、憲法に「第八章　地方自治」という独立の章を設け、「地方公共団体」に「地方自治」を保障しています。現代市民憲法でも、「地方自治」や「地方政府」という名称の章を設けている憲法は、ごく最近まで例外的でした。地方自治を重視する日本国憲法の姿勢が、よくあらわれています。なぜ地方自治を重視しなければならないのでしょうか。

冒頭の一文は、「日本国憲法」について話題にしていますね。その「原理」が「国民主権」であること、そして、それに「不可欠なもの」として、「地方自治」を「保障」しているとあります。

> 日本国憲法…原理 国民主権↓地方自治を保障

ざっくりとまとめると、このようなメモになるでしょうか。

日本国憲法は、「人民による、人民のための政治」を求める国民主権を原理とし、その具体化に不可欠なものとして、憲法に「第八章　地方自治」という独立の章を設け、「地方公共団体」に「地方自治」を保障しています。現代市民憲法でも、「地方自治」や「地方政府」という名称の章を設けている憲法は、ごく最近まで例外的でした。地方自治を重視する日本国憲法の姿勢が、よくあらわれています。なぜ地方自治を重視しなければならないのでしょうか。

二つ目の文は、「地方自治」を重視する「憲法」が「例外的」であるということを言っています。これは、「日本国憲法」以外の憲法はそこまで地方自治を前面に押し出してこないということであり、つまりこの一文は、日本国憲法以外の憲法と〈対比〉することで、日本国憲法における地方自治の重視という特徴を強調する働きを持っていると考えられます。

日本国憲法…[原理]国民主権↓地方自治を保障
↔［対比］
他の憲法…地方自治を重視せず

日本国憲法は、「人民による、人民のための政治」を求める国民主権を原理とし、その具体化に不可欠なものとして、憲法に「第八章　地方自治」という独立の章を設け、「地方公共団体」に「地方自治」を保障しています。現代市民憲法でも、「地方自治」や「地方政府」という名称の章を設けている憲法は、ごく最近まで例外的でした。地方自治を重視する日本国憲法の姿勢が、よくあらわれています。なぜ地方自治を重視しなければならないのでしょうか。

三つ目の文は、そうですね、冒頭の一文とほとんど同じこと、つまり、日本国憲法は地方自治を重視する、ということを繰り返して述べているだけです。〈言い換え〉ですね。もちろん、こうして反復する以上は、この〈日本国憲法は地方自治を重視する〉というメッセージは、この文章の主張を把握するうえでとても大切なものである可能性が高い。

では、この段落の最後の一文はどうでしょうか。

日本国憲法は、「人民による、人民のための政治」を求める国民主権を原理とし、その具体化に不可欠なものとして、憲法に「第八章　地方自治」という独立の章を設け、「地方公共団体」に「地方自治」を保障しています。現代市民憲法でも、「地方自治」や「地方政府」という名称の章を設けている憲法は、ごく最近まで例外的でした。地方自治を重視する日本国憲法の姿勢が、よくあらわれています。なぜ地方自治を重視しなければならないのでしょうか。

問いかけですね。「なぜ」とありますから、日本国憲法が地方自治を重視する〈理由〉が聞かれているわけです。もちろんこの問いに対する理由を探すために、私たちはこの先を読むことになります。理由を原因と言い換えれば、ここは〈因果〉のつながりを意識して読み進めていく箇所ということですね。

日本国憲法…原理 国民主権→地方自治を保障
↔ 〔対比〕
他の憲法…地方自治を重視せず
⬇Qなぜ日本国憲法は地方自治を重視するのか?

いろいろな理由がありますが、ここでは二つのことだけをあげておきます。一つは、中央政府の政治では、「人民による、人民のための政治」が不十分となり、国民主権の要求にうまくこたえられないことです。もう一つは、それと密接にからんでいますが、わたしたちが、「国民としての生活」だけでなく、自然的、社会的、文化的条件を異にする「(地域)住民としての生活」もしていることです。

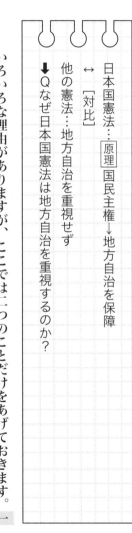

というわけで、「なぜ日本国憲法は地方自治を重視するのか？」というQに対するAが、「二つ」挙げられることが示されました。もちろん私たちは、その二つの理由について、その内容を整理しながら読んでいくことになります。

日本国憲法…原理 国民主権→地方自治を保障
↔ 〔対比〕
他の憲法…地方自治を重視せず
⬇Qなぜ日本国憲法は地方自治を重視するのか？
　A1…？
　A2…？

いろいろな理由がありますが、ここでは二つのことだけをあげておきます。一つは、中央政府の政治では、「人民による、人民のための政治」が不十分となり、国民主権の要求にうまくこたえられないことです。もう一つは、それと密接にか

らんでいますが、わたしたちが、「国民としての生活」だけでなく、自然的、社会的、文化的条件を異にする「（地域）住民としての生活」もしていることです。

きれいな論の展開を持つ文章ですね。「二つ」ある理由のうちの「一つ」について、その内容が示されています。「中央政府」の「政治」では、「人民による、人民のための政治」すなわち「国民主権」がうまくいかない、と。なるほど、中央ばかりが威張っていたら、地方の声は無視されてしまいます。そうなると、国民の一人ひとりが主権者として存在するという「国民主権」なる理念も、絵に描いた餅ということになってしまう。だから、そうならないように、「日本国憲法は地方自治を重視する」。うん、きちんとつじつま（ここでは〈因果〉の関係）が合っています。

日本国憲法…原理 国民主権↓地方自治を保障
↔　［対比］
他の憲法…地方自治を重視せず
⬇Qなぜ日本国憲法は地方自治を重視するのか？

A1…中央政府の政治では、国民主権が機能しないから。
A2…？

いろいろな理由がありますが、ここでは二つのことだけをあげておきます。一つは、中央政府の政治では、「人民による、人民のための政治」が不十分となり、国民主権の要求にうまくこたえられないことです。もう一つは、それと密接にからんでいますが、わたしたちが、「国民としての生活」だけでなく、自然的、社会的、文化的条件を異にする「(地域) 住民としての生活」もしていることです。

今度は、日本国憲法が地方自治を重視する二つ目の理由が述べられています。すなわち、「わたしたち」つまり国民は、「自然的、社会的、文化的条件を異にする『(地域) 住民としての生活』もしている」と。ちょっと硬い言い方にはなっていますが、要するに、個々の地域の条件に基づく多様な生活がある、ということです。簡単に言えば、それぞれの地域にはそれぞれの事情がある。それについては、中央の政治で対処することはできない。したがって、地方自治が大切となる――ということです。

日本国憲法…原理国民主権↓地方自治を保障
↔［対比］
他の憲法…地方自治を重視せず
⬇Qなぜ日本国憲法は地方自治を重視するのか？
A1…中央政府の政治では、国民主権が機能しないから。
A2…国民は、それぞれの地域の条件に基づき生活しているから。

さて、次の段階に入りましょう。

①中央政府の政治は、国民代表制を原則としています。それは、一歩あやまると国民不在の党派政治・官僚政治になるおそれをもっています。内閣が国政の中心となり、国会がそれを十分に統制できない状況にある現代国家では、とくにそのおそれが強いといえます。しかも、中央政府の政治は、全国民・全国土を対象とする法律（一般的抽象的法規範としての法律）によっておこなわれるので、自然的、社会

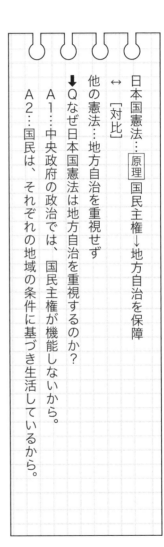

的、文化的条件の異なる各地域の多様な必要・要求にうまくこたえることも困難です。「人民による政治」も、「人民のための政治」もうまくおこなえないのです。

まず、「中央政府の政治」は「国民代表制」を原則とすることが述べられています。「国民代表制」とは、選ばれた一部の人間が国民全員を代表する、という形態の政治のことですが、そうなると、その「代表」機関である「中央政府」、さらには「内閣」等に権力が集中し、つまりは「国民不在」の政治に陥ってしまう危険性がある——筆者はそう指摘するわけですね。ここは、直前のA1にまとめた「中央政府の政治では、国民主権が機能しないから」という内容を、少し掘り下げて解説している箇所と考えられます。

①中央政府の政治は、国民代表制を原則としています。それは、一歩あやまると国民不在の党派政治・官僚政治になるおそれをもっています。内閣が国政の中心となり、国会がそれを十分に統制できない状況にある現代国家では、とくにそのおそれが強いといえます。しかも、中央政府の政治は、全国民・全国土を対象とする法律（一般的抽象的法規範としての法律）によっておこなわれるので、自然的、社会

的、文化的条件の異なる各地域の多様な必要・要求にうまくこたえることも困難です。「人民による政治」も、「人民のための政治」もうまくおこなえないのです。

この段落の残りの記述は、要するに、〈それぞれの地域の多様な要求に対して、中央政府の政治では対応できない〉ということを言っていますね。この点も、直前にまとめた「国民は、それぞれの地域の条件に基づき生活しているから」というA２の内容と、だいたい同じだと判断してよさそうです。

以上を踏まえ、この段落の内容については、新たにメモに盛り込むことをしないでおきます。

もちろん、細かく考えていけばいろいろと言えそうなことはあるのですが、あくまで〈要約〉を作成するための作業ですから、ある程度は大胆に情報をそぎ落としていくことも大切になります。

次の段落は、一気に見てしまいましょう。もちろん、これまで整理してきた内容とのつながりを考えながら。

これに対して、市町村や都道府県では、地域が比較的に小さいので住民による直接民主制もできるし、きめこまかく各地域の住民の要求にこたえる政治もできます。住民に身近な政治だから、住民は、容易に情報や知識をえることができるし、関心をもつこともできます。地方公共団体には、「人民による、人民のための政治」をよりよくおこなえる条件があるのです。しかも、地方自治は、住民をその政治に積極的に参加させること（住民自治）を通じて、住民各人を主権者の成員としての意識と知識をもった「真の市民」にしていくこともできます。「民主主義の小学校」の役割です。トクヴィル（一八〇五―一八五九）は、その名著『アメリカにおける民主主義』（一八三五年・一八四〇年）のなかで、地方自治の重要性をそのように表現していました。国民主権の政治が地方自治を重視するのは、当然のことです。

冒頭に「これに対して」とありますから、ここが、直前の段落の内容と〈対比〉の関係にあることは明白です。では、具体的にはどのように対照されるのか。

「市町村や都道府県では」というのは、言い換えれば、地方では、ということですね。そして「住民による直接民主制もできる」とか「各地域の住民の要求にこたえる政治もできます」というのは、要するに、国民主権が機能する、ということです。つまり、地方自治は、国民主権の実現にふさわしい、ということ。「地方公共団体には、『人民による、人民のための政治』をよりよくおこなえる条件がある」などという言い方は、そうした考え方を顕著に反映していますよね。

同時に、この段落には、「しかも」以降の文脈で、「地方自治」が「住民」の「主権者」としての意識を育てていく、ということも述べられています。ただ、これもまた、「地方自治は、国民主権の実現にふさわしい」というメッセージの範囲内に回収される内容であると言えます。

要するに、直前の段落における「中央政府の政治」への批判を反転させる形で、この段落は、「地方自治は、国民主権の実現にふさわしい」と述べている。つまりは、同じ内容を裏から言い換えているだけ、ととることができるわけです。

では、次の段落はどうか。

②地方自治を重視して、各地方公共団体にその地域の生活・産業・文化を保護

育成することができる権能と財源を保障しておかないと、その地域の生活・産業・文化が衰退してしまうことです。各地方公共団体は、自然的、社会的、文化的条件を異にし、中央政府ではうまく対応できない独自の生活・産業・文化をもっているからです。全国民に共通する「国民としての生活」とは異なった「住民としての生活」が営まれているからです。中央集権の明治憲法下でいわれていた「白河以北一山百文」(注)という言葉を思い出してください。地方公共団体の集まりが全体としての国であるところからすれば、地方公共団体の生活・産業・文化が衰退するということは、一国の生活・産業・文化の衰退をもたらすことになります。

「各地方公共団体は、自然的、社会的、文化的条件を異にし、中央政府ではうまく対応できない独自の生活・産業・文化をもっている」とか、「全国民に共通する『国民としての生活』とは異なった『住民としての生活』が営まれている」などという言い方からわかるように、この段落は、細かいところを無視してしまうと、「なぜ日本国憲法は地方自治を重視するのか」というQに対するA2、すなわち「国民は、それぞれの地域の条件に基づき生活しているから」という内容を詳説していると判断することができる。情報としての重要度が低いというわけではありませんが、コンパクトな〈要約〉を作るという観点からは、ここからは情報は拾わないでおいてかまいません。

地方自治の問題は、小さな問題ではなく、国家の根本問題です。

この最後の一文については、ここまでの分析を踏まえて、地方自治は国家にとって重要である、ということを〈主張〉しているわけですね。逆に言えば、ここまでの内容が、この〈主張〉に対する〈理由・根拠〉ということになります。

[理由・根拠]
日本国憲法…原理 国民主権↓地方自治を保障
↔[対比]
他の憲法…地方自治を重視せず
⬇Qなぜ日本国憲法は地方自治を重視するのか?
A1…中央政府の政治では、国民主権が機能しないから。

A2…国民は、それぞれの地域の条件に基づき生活しているから。
［主張］
地方自治↓国家の根本問題

以上、整理した内容を要約としてまとめると、以下のようになります。なお、「他の憲法…地方自治を重視せず」という要素は、なくても〈主張―理由・根拠〉という構成が組み立てられますので、省いてしまってかまいません。

日本国憲法は国民主権を原理とし、地方自治を保障する。その理由は、中央政府の政治のみでは国民主権が機能せず、また、国民は個々の地域の条件に基づき生活しているからである。地方自治は、国家の根本問題なのだ。（100字）

いかがでしょうか。もちろん、もっと詳しく作成することもできますが、まずは最低限の要約としては、この程度のものが作れれば上々だと思います。

「前に読んだ文章」と「いま読んでいる文章」がつながる瞬間〈ステップ2〉

ひとまず要約は完成させました。

ここでもう一度、要約を作成することの意義を確認しておきましょう。要約を作ることによるメリットは多々あれ、本書で最も重視したのは、

POINT!

> 要約によって得た知識や考え方を参照しながら読むことで、文章から、よりたくさんの情報、メッセージ、論点、あるいは自らの意見を引き出すことができるようになる。

という点でしたね。というわけで、『憲法読本 第4版』の引用箇所の、

日本国憲法は国民主権を原理とし、地方自治を保障する。その理由は、中央政府の政治のみでは国民主権が機能せず、また、国民は個々の地域の条件に基づき生活しているから

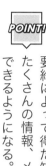

である。地方自治は、国家の根本問題なのだ。

という要約を踏まえて以下の記事を読んでみてください。「八重山日報」の記事で、2022年12月20日のものです。

長射程ミサイル配備認めず　反撃能力「戦争引き起こす」
石垣市議会が賛成多数で意見書

政府が安保関連3文書改定で反撃能力（敵基地攻撃能力）保有を明記したことを受け、石垣市議会（我喜屋隆次議長）は19日、来春開設予定の陸上自衛隊駐屯地に反撃能力を持つ長射程ミサイルを配備することは「到底容認できない」とする意見書を野党、中立の賛成多数で可決した。意見書は野党の花谷史郎氏が提案。石垣島への自衛隊配備に当たり、駐屯地に配備されるミサイルは迎撃用で、専守防衛の配備という説明を防衛省から受けてきた、と指摘した。

防衛省が長射程化を進めている地上発射型の12式地対艦ミサイル（SSM）を

先島諸島や沖縄本島の駐屯地に配備する方向で検討しているとの報道を受け、突然の動きに「市民の間で動揺が広がっている」と批判。

その上で「自ら戦争状態を引き起こすような反撃能力を持つ長射程ミサイルを石垣島に配備することを到底容認することはできない」と明言。「十分な説明のないまま進めることがないよう強く求める」とクギを刺した。

反撃能力保有について「近隣諸外国を必要以上に刺激するおそれ」「憲法違反の可能性も指摘されている」と疑問視した。

与党からは「自ら戦争状態を引き起こすような反撃能力」という意見書の文言に対し「日本が緊張状態を作り出しているわけではない」（石川勇作氏）「認識が誤っている」（高良宗矩氏）などと異論の声が相次いだ。

一方、中立会派「未来」の箕底用一氏は「国防に関しては理解を示す立場だが、長射程ミサイル配備を進めるにあたっては、しっかりと地方議会、地方議員にも説明されるべきだ」と意見書に賛成した。採決では野党と中立11人が賛成、与党8人が反対した。与党の仲間均氏は病欠した。

長射程ミサイル配備に関し「安保関連3文書改定による石垣島を含む先島諸島

等への影響について、情報公開と住民への十分な説明を強く求める」とする意見書も全会一致で可決した。与党・公明の平良秀之氏が提案した。

（「八重山日報」2022年12月20日「長射程ミサイル配備認めず反撃能力「戦争引き起こす」石垣市議会が賛成多数で意見書」）

https://yaeyama-nippo.co.jp/archives/19990

どうでしょうか。なんの前提もなく読むよりも、「ああ、なるほど」と思えたのではないでしょうか。

念のため、知識を補足しておきましょう。記事の冒頭の一文中に、

政府が安保関連3文書改定で反撃能力（敵基地攻撃能力）保有を明記した

とあります。

まず、「安保関連3文書」とは、国家安全保障戦略・国家防衛戦略・防衛力整備計画の三つの文書のことで、いずれも、国の安全保障について、防衛力の強化という目的のため

に作成されたものです。令和4年12月、岸田文雄内閣によって閣議決定されました。内閣官房ホームページに、「「国家安全保障戦略」概要」のPDFが公開されています。その「VI. 我が国が優先する戦略的なアプローチ」という項目から、以下の文言を引用してみましょう。

(2) 我が国の防衛体制の強化

✓国家安全保障の最終的な担保である防衛力の抜本的な強化

(①領域横断作戦能力に加え、スタンドオフ・防衛能力、無人アセット防衛能力等を強化。②反撃能力の保有、2027年度に、防衛力の抜本的強化とそれを補完する取組をあわせた予算水準が現在のGDPの2%に達するよう所要の措置、④有事の際の防衛大臣による海上保安庁に対する統制を含む、自衛隊と海保との連携強化等)

(内閣官房ホームページ「「国家安全保障戦略」概要」)

https://www.cas.go.jp/jp/siryou/221216anzenhoshou/hosyousenryaku_gaiyou.pdf

「反撃能力の保有」とありますね。傍線は私のほうで入れたものではなく、もともと引いてあったものです（なお、項目①～④のうちの③の記号が抜けていますが、これも、引用元の資料のままです）。この「反撃能力」こそ、記事中に言及されるそれであるわけですが、記事では、この語句について「敵基地攻撃能力」という意味内容を補っています。これはどういうことかと言えば、敵のミサイル発射基地や指揮系統機能を破壊する能力である「反撃能力」は、もともと、「敵基地攻撃能力」と呼ばれていたのですね。与党である自民党が、これを「反撃能力」と言い換えた。「敵基地攻撃能力」と言ってしまうと、日本が建前とする専守防衛のイメージを逸脱し、先制攻撃も可能と受け止められてしまうという懸念からの改称でしょうか。あくまで、敵に攻撃された際の「反撃」に過ぎない、と。

詳しくは、以下の記事のリンクを貼っておきますので、そちらをお読みください。

NHK NEWS WEB 2022年4月21日「〝敵基地攻撃能力〟を〝反撃能力〟に名称変更を 自民が提言案」

https://www3.nhk.or.jp/news/html/20220421/k10013592321000.html

いずれにせよ、日本の政府は、敵からの攻撃を想定し、敵のミサイル発射基地や指揮系統機能に反撃を加えるための戦力の保有を決定しました。「八重山日報」の記事は、その政策を受けての石垣市議会の反応を文章にしたものです。そしてここからははっきりと、市議会が政府の決定に対して「否！」を突き付けたということがわかりますね。とりわけ、以下に再度引用する箇所に着目してみてください（なお、傍点は私のほうで打ったものになります）。

防衛省が長射程化を進めている地上発射型の12式地対艦ミサイル（SSM）を先島諸島や沖縄本島の駐屯地に配備する方向で検討しているとの報道を受け、突然の動きに「市民の間で動揺が広がっている」と批判

国防に関しては理解を示す立場だが、長射程ミサイル配備を進めるにあたっては、しっかりと地方議会、地方議員にも説明されるべきだ

安保関連3文書改定による石垣島を含む先島諸島等への影響について、情報公開と住民への十分な説明を強く求める

石垣市議会が、「市民」「地方議会」「地方議員」「住民」という論理を前面に出しながら、政府すなわち中央の施策に対して批判や意見を申し立てていることがわかります。ここには、『憲法読本 第4版』で要約した、

日本国憲法は国民主権を原理とし、地方自治を保障する。その理由は、中央政府の政治のみでは国民主権が機能せず、また、国民は個々の地域の条件に基づき生活しているからである。地方自治は、国家の根本問題なのだ。

という考え方の具体的な実践のありようを読み取ることができます。地方の「市民」「住民」あるいはそれを代表する「地方議員」や「地方議会」の存在や意見を尊重すること。そうすることにより、〈国民の一人ひとりがこの国の主権者である〉という「国民主権」の理念が機能する――石垣市議会による提言は、まさに、「国家の根本問題」にかかわるものであったと言えるわけですね。以上を踏まえ、1章「その文章から何を読み取るのか」で言及した、

POINT!

文章から得られる情報、メッセージ、論点は、様々にある。
それらを抽出し、自分にとって大切だと思うものはメモに整理しておく。

という作業を実践するなら、例えば以下のように〈メモ〉を作成することができるわけです。

政府が安保関連3文書改定で反撃能力（敵基地攻撃能力）保有を明記したことを受け、石垣市議会（我喜屋隆次議長）は19日、来春開設予定の陸上自衛隊駐屯地に反撃能力を持つ長射程ミサイルを配備することは「到底容認できない」とする意見書を野党、中立の賛成多数で可決した。

（「八重山日報」２０２２年12月20日）

https://yaeyama-nippo.co.jp/archives/19990

↓政府＝中央の決定に対して、地方議会が異議を唱える。

↓日本国憲法の根本理念である「国民主権」を機能させるための、地方自治の具体的な実践！（参照…杉原泰雄『憲法読本 第４版』岩波ジュニア新書）

第2部

核心を他人に伝える力

1章　伝える相手がいると〝読み〟が深まる

説得力のある文章には、何が備わっているのか〈ステップ1〉

本書のメインテーマは、文章から、よりたくさんの情報、メッセージ、論点、あるいは自らの意見を引き出すことができるような、そんな文章の読み方を皆さんと共有することです。そしてその具体的な手段として、〈要約〉がある。〈要約〉によって得た知識や考え方は、例えばまた別の本や、あるいはネットの記事などを読む際に、重要な〈思考の軸〉になりましたよね。読む、要約する、読む、要約する、読む……こうしたサイクルを繰り返していくことによって、皆さんは、より多角的に、より生産的に、文章を読むことができるようになっていく。

けれども、その過程でおそらく少なからぬ方々が、このような思いを持つようになるのではないでしょうか。すなわち、ただ文章を読むだけではなく、

自分が読み、そしてそこで考えたことを、文章にして公開してみたい……

と。

どうでしょうか。

もし皆さんがそう思ったなら、それは、ぜひ、実践してほしい。なぜなら、私たち市民の個々人が、自らの考えたことを世に問い、そしてそれに対する反応から対話や議論が始まるというあり方、あるいはそうしたムーブメントが形成するネットワークは、この社会の民主主義を成熟させていくうえでとても大切なものとなるからです。

文章に書いても公開する方法がわからない——という悩みは、現代社会ではほぼ解決されていますよね。

ブログやnoteなどの情報発信サービス、TwitterやFacebookなどのSNSも使えますし、写真が必要とはいえInstagramだって文章を投稿することができる。スマホで作成した文章をスクショして、それを投稿する、などということをする人たちもいますよね。動画を撮影、編集する手間を厭わないなら、YouTubeを活用する手だってある。何かしら読んだ本についての批評や感想なら、該当する本のAmazonレビューに書き込むことも自分の考えを公開する有効な方法であるはずです。

もちろん、こうしたツールを使って自分の考えを世に問うことを継続していけば、例えばどこかの出版社の目にとまり、原稿や書籍の執筆依頼が来ることもあり得ます。そうなれば、自分の考えが本や記事になって流通し、より多くの読者に恵まれる可能性も開けてくる。ちなみに私はTwitterとnoteをメインに使っていますが、初めてお仕事を頂戴する出版社やメディアからのご依頼は、ほぼこれらのツールを経由してのものですね。例えば、Twitterに投稿した内容について、あるいはnoteに公開しているコンテンツに関して、「投稿を拝見しました。このテーマで出版しませんか？」などとDMやメールを頂戴するわけです。

ともあれ、出版に至ろうとつぶやきで済まそうと、何かしらの文章を読み、そこから得られた観点について、自分なりに考え、それを文章として公開するという営みは、繰り返して言いますが、この社会の民主主義の成熟において重要な役割を担います。ですから、「何か書いて投稿してみたい！」というふうに思った方は、ぜひぜひ、実践してください。文章を読み、書くことを通じて、私たち皆で、この社会の今と、そしてもちろん未来とを、作っていくのです。

では、どう書くか。

どのように書けば、自分の言いたいことを伝えられる文章になるのか。

ブログやnoteなどを使って長い文章を書くにせよ、あるいは逆に、Twitterで１４０字の文章を投稿するにせよ、「こう書けば、より伝わりやすい文章になる」というメソッドがあるなら、それは絶対に手にしておきたいですよね。もちろん、ただ伝わりやすいだけではなく、多くの人に「なるほど」と思ってもらえるような、説得力のある文章を書くための方法、そんなものがあるならば――。

もちろん、あります。

そしてその方法については、本書のここまでの内容を読み進めてきた皆さんは、実は、すでに理解しているんです。

いや、この本でここまで解説されてきたのは、文章の読み方であって、書き方ではないでしょ？

そう思った方もいらっしゃるでしょう。

確かにその通りです。私たちはここまで、くどいようですが、「文章から、よりたくさんの情報、メッセージ、論点、あるいは自らの意見を引き出すことができるような、そんな文章の読み方」を学んできました。

確認しておきたいのは、そのなかで、私が〈話のつながり〉あるいは〈論の展開〉を追いかけるという読み方の大切さを強調してきたことです。これまで何度も参照してきた「有酸素運動」についての文章に、ここでもう一回、登場してもらいましょう。

有酸素運動を日課とすることは大切だ。有酸素運動とは、ウォーキングやジョギング、スイミングなど、長い時間継続することの可能な、身体への負荷があまり強くない運動のことである。私も毎日30分ほど、軽く息切れがするくらいの速

度でウォーキングしているが、それを一年間続けた結果、高めだった血圧の数値が平均的な数値で安定するようになった。また、中性脂肪の数値も明らかに減少し、かかりつけの医師に褒められた。医師に聞いたところ、医学的にもその効果は確認されているとのことだ。このように、有酸素運動には健康を増進する効果がある。だから私は、有酸素運動の重要性を主張するのだ。

この文章の〈話のつながり〉あるいは〈論の展開〉については、すでに、以下のように整理しましたよね。

【主張】
有酸素運動を日課とすることは大切だ。
↑
【キーワード「有酸素運動」の説明】〈言い換え〉
有酸素運動とは、ウォーキングやジョギング、スイミングなど、長い時間継続することの可能な、身体への負荷があまり強くない運動のことである。

←【主張に対する理由①】〈因果〉
私も毎日30分ほど、軽く息切れがするくらいの速度でウォーキングしているが、それを一年間続けた結果、高めだった血圧の数値が平均的な数値で安定するようになった。

←【主張に対する理由②】〈因果〉
また、中性脂肪の数値も明らかに減少し、かかりつけの医師に褒められた。

←【主張に対する理由③】〈因果〉
医師に聞いたところ、医学的にもその効果は確認されているとのことだ。

←【主張に対する理由①〜③のまとめ】〈具体→抽象〉
このように、有酸素運動には健康を増進する効果がある。

[主張の反復]〈言い換え〉

だから私は、有酸素運動の重要性を主張するのだ。

実は、このフローチャートに、〈伝わりやすく説得力のある文章の書き方〉の最も大切な要点が示されています。

まず、冒頭の〈主張〉から最後の〈主張の反復〉まで、話が「有酸素運動」及びその重要性という点で首尾一貫していることを確認してください。話題が横に逸れたり関係のない話がいきなり挿入されたりということがない。すべてのパートが、〈有酸素運動の重要性〉という〈主張〉を述べるという目的のために機能し、繋がっている。このように、ブレのない首尾一貫した文章は、何を訴えたいかが明瞭で、当然、〈伝わりやすい文章〉になります。

あるいは、全体の組み立て方に着目してみてください。最も伝えたいメッセージ、すなわち〈主張〉をただひたすらに反復するのではなく、その〈主張〉に対する〈理由〉をきちんと示しています。これによって、当然、文章に説得力が出る。

のみならず、その〈主張〉に対する〈理由〉も、具体的な事例を複数挙げています。こうして具体的な事例を挙げておけば、読み手は文章の内容を自分に引きつけて読むことができるようになります。むろん、説得力が増します。

さらに、その具体的な事例について、それらをまとめるパートも用意しています。〈具体→抽象〉という構造ですね。このように具体例が何を意味するのかをしっかりと抽象化して書けば、読み手はそこから読み取るべき内容を、誤ることなく読み取ることができる。つまり、伝わりやすさが向上する。

〈因果〉あるいは〈抽象→具体→抽象〉――そうです。第1部の2章「話の展開を整理する」では他にも様々な〈文章のつながり〉を確認しましたが、こうした観点を意識しつつ、かつ、話の〈首尾一貫性〉を守って書けば、その文章は、必然的に〈伝わりやすく説得力のある文章〉となる。文章を読むうえでのポイントは、文章を書くうえでのポイントでもあったのですね。

POINT!

〈因果〉や〈抽象→具体→抽象〉などのつながりを意識して、話の〈首尾一貫性〉を守った文章は、伝わりやすく、説得力のあるものになる！

第1部の4章「どう読み、どうまとめるか…「要約力」の鍛え方」で杉原泰雄『憲法読本 第4版』(岩波ジュニア新書)から引用した文章について、〈話のつながり〉を整理しながら精読しましたよね。あの文章もまた、〈因果〉や〈抽象→具体→抽象〉、〈対比〉等のつながりがきちんと意識され、そのなかで、〈地方自治の重要性〉という首尾一貫した主張が述べられていました。あれもまた、〈伝わりやすく説得力のある文章〉の典型です。もう一度、該当するページを読み返してみてください。もちろん今度は、文章を書く力を鍛えるために。

自分の主張を強化するのに欠かせない「批判者」の視点〈ステップ2〉

では、ここでちょっとした実践をしてもらいましょう。この「有酸素運動」の文章について、本書では、以下のような〈要約〉を作成しました。

健康を増進する効果があるので、有酸素運動を日課にすることは重要だ。

この内容について、そうですね……「健康の増進には有酸素運動だけでは不十分だ」という主張に立って批判する文章を作ってみてください。字数は、１４０字以内としましょう。制限時間は設けませんので、どうぞ使えるだけの時間を使ってください。

〜〜〜〜〜〜演習中〜〜〜〜〜〜

はい、では解説に移りましょう。最初にことわっておきますが、これから作っていく解答は、あくまで一つの例に過ぎません。内容云々というより、どのように思考し、文章を組み立てていくか、そこに着目して読み進めていってください。

まず、「健康の増進には有酸素運動だけでは不十分だ」という〈主張〉に説得力を持たせるには、何より、その〈主張〉に対する〈理由・根拠〉を示さなければなりません。ここでは、「健康の増進」には「有酸素運動」以外の他の観点も重要になる、ということを説明する必要があります。そうですね……例えば、「健康の増進には食生活の改善も欠かせない」等の指摘はどうでしょうか。

次に、〈抽象→具体〉というつながりを意識してみましょう。具体的な事例を挙げることができれば、説得力も向上するのでしたよね。「健康の増進には食生活の改善も欠かせない」という考え方について、例えば、「運動していても飲酒を続ければ健康は悪化する」とか「塩分過多の生活を続ければ血圧が上がる」等の事例に言及することができれば、「おお、確かに『健康の増進には食生活の改善も欠かせない』な！」となるのではないでしょうか。

以上の思考を経て文章を組み立てると、以下のようにまとめることができます。

健康の増進には有酸素運動だけでは不十分だ。私には、日々のウォーキングを継続しながらも、飲酒の習慣を改めることができず、肝機能の数値を悪化させてしまった経験がある。また、塩分過多の食事が高血圧を悪化させることは医学的な常識だ。つまり、健康の増進には食生活の改善も欠かせないのである。（140字）

話題のズレや脱線もなく、〈首尾一貫性〉という点も問題ないですよね。〈因果〉や〈対比〉、〈抽象↓具体↓抽象〉等の〈文章のつながり〉をきちんと意識して組み立てていけば、結果として、〈首尾一貫〉した文章を書くことができるのです。

念のため、この文章のつながりについて、以下に構造化しておきます。こういう意識を持って文章を組み立てていけば、〈伝わりやすく説得力のある文章〉になるということをイメージしてください。

【主張】
健康の増進には有酸素運動だけでは不十分だ。
←
【主張に対する理由①】〈因果〉〈具体〉
私には、日々のウォーキングを継続しながらも、飲酒の習慣を改めることができず、肝機能の数値を悪化させてしまった経験がある。
←
【主張に対する理由②】〈因果〉〈具体〉
また、塩分過多の食事が高血圧を悪化させることは医学的な常識だ。

←
［主張に対する理由①〜②のまとめ］〈因果〉〈具体→抽象〉
つまり、健康の増進には食生活の改善も欠かせないのである。

一つ、付け加えさせてください。皆さんに課題に取り組んでもらう際、「有酸素運動」の文章に対して、「『健康の増進には有酸素運動だけでは不十分だ』という主張に立って批判する文章を作ってみてください」と言いました。確かに私は、「批判」という言葉を使っています。ただ、作成した解答例の内容は、「有酸素運動」の文章における「健康を増進する効果があるので、有酸素運動を日課にすることは重要だ」という〈主張〉を全否定しているでしょうか。

もう一度、解答例を読んでみてください。そこでは確かに「健康の増進には食生活の改善も欠かせない」と述べられていますが、だからといって「有酸素運動を日課にすることは重要だ」ということは否定していませんよね。むしろ、「食生活の改善」と「有酸素運動」の両方が大切だ、ということを言っている。言い換えれば、〈有酸素運動の有効性〉を認めながらも、それだけでは「不十分」ということで、もう一つ、〈食生活の改善〉という項目を付け加えているわけです。つまり作成した解答例は、文章の不備を補って、文章の主張をより有意義なものへと鍛えあげる働きを担っている。

このように、相手の主張の不十分なところを補ったり、あるいは良いところをさらに磨き上げたりするような読み方のことを、**チャリタブル・リーディング**と言います。解答例は、このチャリタブル・リーディング的な読み方にのっとって考えた内容を記述したものなのですね。誰かしらの主張や考えを読み、それを批判する際、このチャリタブル・リーディングやそれに基づく自説の表明は、思考を皆で共有し、錬磨していくという、非常に生産的な読み・書きの営みとなります。ぜひ、意識して実践してみてください。

なお、私がこのチャリタブル・リーディングという考え方を知ったのは、山野弘樹さんという哲学研究者の書いた『独学の思考法』（講談社現代新書）という本です。チャリタブル・リーディングについては「第七章　『チャリタブル・リーディング』を実践する」で詳細に、しかもわかりやすく解説されています。それ以外のページにも、文章を読んだり考えたり、あるいはそれを文章にまとめたりするうえで大切な観点がたくさん述べられています。ぜひぜひ読んでみてください。

もう一つ、補足しておきます。本書の初めのほうで、「シートベルトをしめましょう。(○○小学校3年1組 青春花子)」という文章を例にとり、このようなことに言及したのを覚えているでしょうか。

例えば、「シートベルトをしめましょう。(○○小学校3年1組 青春花子)」という文章から先ほど挙げたような1〜7の内容を読み取り、そしてそのなかで、「『子どもにも社会問題を考える力はある』というメッセージ」を自分にとって大切なものと考えたとしましょう。だったら、それをメモに残しておくのです。たったそれだけのことをしておくだけでも、そうですね、子どもを議題として議論する機会などがあったとき、メモを思い出しながら、

「いや、そうやって子どもの力を過小評価するのはどうでしょうか。子どもにも、社会問題を考える力はあるんです。例えばこの前、『シートベルトをしめましょう』という標語を目にしたんですけどね、なんとそれを考えたのは小学校3年生だっていうんです。子どもは子どもなりに、思うところがあるんですよ」

などという話し方もできるようになるわけです。

――こんな内容でした。そう。〈要約〉等を通じて思考するための軸となる考え方や知識を身につけた人は、それに基づいて、自分の主張を展開することができる。本章ではここまで、それを文章に書くという点から説明してきたわけですが、こうしたメソッドは、もちろん、このシートベルトの事例のように、自分の考えを他者に口頭で伝えるときにも大切になります。その際には、当然、

POINT! 〈因果〉や〈抽象→具体→抽象〉などのつながりを意識して、話の〈首尾一貫性〉を守った文章は、伝わりやすく、説得力のあるものになる！

というところがポイントとなる。つまり、言いたいことを〈伝わりやすく説得力のあるメッセージ〉にするためには、それが書かれる文章であれ、話される言葉であれ、ここまで述べてきたポイントが大切になるということです。ディスカッションやプレゼンテーションなどの際にも、ぜひぜひ応用してみてください！

2章　自分の〈思考の軸〉で他者と関わるために

どこまで要約に組み込んだらよいか問題〈ステップ1〉

さて、ここでもう一度、本格的な〈要約〉にチャレンジしてもらいましょう。課題文は、庵功雄編著『「やさしい日本語」表現事典』（丸善出版）から引用した文章です。日本に滞在する日本語を母語としない人々に対して、情報の発信はどのようにあるべきかについて論じる文脈です。こちらの文章を、そうですね……200字程度に〈要約〉してみてください。もちろん、時間はどれだけかけてもかまいません！

【課題文】

平時における外国人に対する情報提供という場合、対象者が問題になります。具体的には、旅行者や短期滞在者を対象とする場合と、定住や長期滞在を目的とする外国人を対象とする場合に分けて考える必要があります。

旅行者や短期滞在者を対象とする場合は、正確な英語の使用が重要になります。それは、こうした場合は国際共通語としての英語の重要性が高いためです。これに関して、日本国内の公的な掲示物には和製英語と考えられる表記がかなりの頻度で見られます。その一例に「アイドリング・ストップ」があります。

図1のように、日本語の「アイドリング・ストップ」はエンジンを切る、つまり、「アイドリングをしない」ことを意図していますが、これは和製英語で、もし英語で〝idling stop〟を強いて解釈しようとすれば、「アイドリングをしながら停車する」という意味にしかならず、日本語の「アイドリング・ストップ」に対応する表現は図2のように〝no idling〟なのです。

図1　アイドリング・ストップ

図2　NO IDLING

こうした掲示物はだれのためのものでしょうか。

こうした掲示物が必要なのは、その土地に詳しい人ではなく、その土地に不案内な人であることは明らかであり、英語での表記は「日本語がわからない人がわかる」ためのものであることがわかります。したがって、こうした場合に「和製英語」（日本語がわかる人にしかわからない英語）を使うことはこうした掲示物を設ける趣旨に反するのです。その意味で、公的な掲示物における和製英語の使用はすぐにやめるべきです。

同様のことは、地下街などにおける乗換案内の表示や電車などの車内放送についても言えます。前者について言えば、それぞれの表示に沿って正しく乗り換えることができるかを実際に歩いて確認する必要があります。後者について言えば、次の駅の名前や乗り換える路線名などを聞き取れる音量で放送したり、文字による表示を同時に利用可能にしたりすることなどが重要です。こうした情報はその土地に詳しい人の目線でしか考えられていないことがよくあります（例えば、車内放送の音量が小さくて駅名が聞き取れない）。しかし、これらは、外国人に限らず、その土地に不慣れな日本語母語話者や、視覚や聴覚などに障害を持つ人にとっても重要な情報であることを理解する必要があります。

また、日本語の固有名詞（地名や施設名）のローマ字表記にはさまざまなバリエーション（ゆれ）が見られます（例えば、長音が表記されないことが多いことや、略号がわかりにくいこと）が、こうした不統一も早急に改善する必要があります。

以上のようなもの以外にも、外国人に対する情報提供という観点から問題となるものがあります。その一例として次の看板があります（左ページの図3を確認……引用者注）。

これは首都圏の道路でよく見られる「緊急交通路」の看板ですが、外国人に対する情報提供という点からいくつかの問題点が指摘できます。

まず、指示のわかりにくさがあります。「緊急交通路」〝Emergency Road〟という表記からは「緊急時にはこの道路を通行せよ」という意味のように感じられますが、その下に「地震災害時、一般車両通行禁止」と書かれています。つまり、この看板で伝えたい情報は「緊急時にはこの道路を通行するな」ということです。そうであるのなら、「緊急時通行禁止」とだけ書けばよく、他の情報は無駄であるだけでなく、高速で移動中に見る看板であるだけに（とっさの判断を誤りかねない点で）危険ですらあります。

図3　緊急交通路

さらに、この看板にはナマズの絵が大きく描かれていますが、ナマズから地震を連想するのは日本人ぐらいでしょうし、日本人向けとしてもナマズの絵を使う必要性が感じられません（近年では、地震よりも大雨のほうが問題になることが多いと思われます）。外国人に対する情報提供という観点からは、ナマズの絵を消して、そのスペースに〝Closed in Great Earthquake or Heavy Rain〟のような情報を大きな文字で書くべきです。

（庵功雄編著『「やさしい日本語」表現事典』丸善出版）
※図1、2は同書をもとに、編集部で作成

【解説】
それでは例によって、段落の内容を整理しながら、〈文章のつながり〉を追いかけてみましょう。まず、冒頭の段落です。

平時における外国人に対する情報提供

平時における外国人に対する情報提供という場合、対象者が問題になります。具体的には、旅行者や短期滞在者を対象とする場合と、定住や長期滞在を目的とする外国人を対象とする場合に分けて考える必要があります。

対象者1：旅行者や短期滞在者
対象者2：定住や長期滞在を目的とする外国人

ここは、こんな感じにまとめておけばよいでしょう。次に進みます。

旅行者や短期滞在者を対象とする場合は、正確な英語の使用が重要になります。それは、こうした場合は国際共通語としての英語の重要性が高いためです。これに関して、日本国内の公的な掲示物には和製英語と考えられる表記がかなりの頻度で見られます。その一例に「アイドリング・ストップ」があります。

この段落の最初の一文は、右にまとめた冒頭段落の内容を受け、まず「対象者1」を話題の中心に据えることを宣言していますね。そのうえで、「正確な英語の使用」の重要性を主張する。以下のように、メモを整理し直しましょう。

平時における外国人に対する情報提供

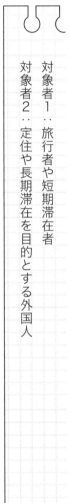

対象者：旅行者や短期滞在者
↓正確な英語の使用が重要

旅行者や短期滞在者を対象とする場合は、正確な英語の使用が重要になります。それは、こうした場合は国際共通語としての英語の重要性が高いためです。これに関して、日本国内の公的な掲示物には和製英語と考えられる表記がかなりの頻度で見られます。その一例に「アイドリング・ストップ」があります。

二文目は、直前の一文についての〈理由〉を述べていますね。以下のように整理することができます。

平時における外国人に対する情報提供
対象者：旅行者や短期滞在者
↓正確な英語の使用が重要
〈理由〉国際共通語としての英語の重要性が高いため

旅行者や短期滞在者を対象とする場合は、正確な英語の使用が重要になります。それは、こうした場合は国際共通語としての英語の重要性が高いためです。これに関して、日本国内の公的な掲示物には和製英語と考えられる表記がかなりの頻度で見られます。その一例に「アイドリング・ストップ」があります。

この段落の残りの文章は、ここまで述べた話題について、「アイドリング・ストップ」という「和製英語」を例として考察することを宣言しています。

平時における外国人に対する情報提供
対象者：旅行者や短期滞在者
↓正確な英語の使用が重要
〈理由〉国際共通語としての英語の重要性が高いため
[考察]・和製英語…例、アイドリング・ストップ

次の段落に進みましょう。

図1のように、日本語の「アイドリング・ストップ」はエンジンを切る、つまり、「アイドリングをしない」ことを意図していますが、これは和製英語で、もし英語で〝idling stop〟を強いて解釈しようとすれば、「アイドリングをしながら停車する」という意味にしかならず、日本語の「アイドリング・ストップ」に対応する表現は図2のように〝no idling〟なのです。

ここは要するに、「アイドリング・ストップ」という「和製英語」は英語とは似て非なるものであり、英語での情報提供という点では使い物にならないということを言っていますよね。

平時における外国人に対する情報提供
対象者：旅行者や短期滞在者
↓正確な英語の使用が重要

〈理由〉国際共通語としての英語の重要性が高いため
［考察］・和製英語…例、アイドリング・ストップ
　↓英語での情報発信としては機能しない

このような感じにまとめるとよいでしょう。次は、一気に二つの段落の内容を確認してみます。

こうした掲示物はだれのためのものでしょうか。
こうした掲示物が必要なのは、その土地に詳しい人ではなく、その土地に不案内な人であることは明らかであり、英語での表記は「日本語がわからない人がわかる」ためのものであることがわかります。したがって、こうした場合に「和製英語」（日本語がわかる人にしかわからない英語）を使うことはこうした掲示物を設ける趣旨に反するのです。その意味で、公的な掲示物における和製英語の使用はすぐにやめるべきです。

ここは、「こうした掲示物」は「日本語がわからない人」のためにあるのだから、「日本語がわかる人」にしか通じない「和製英語」は、少なくとも「公的な掲示物」としては使用するな、と主張しているわけです。端的に言えば、〈英語での情報発信としては機能しない「和製英語」は、公的な掲示物には使うな〉ということ。メモに書き足しておきましょう。

平時における外国人に対する情報提供
　対象者：旅行者や短期滞在者
　　↓正確な英語の使用が重要
　〈理由〉国際共通語としての英語の重要性が高いため
　［考察］・和製英語…例、アイドリング・ストップ
　　　↓英語での情報発信としては機能しない
　　↓公的な掲示物では使ってはいけない

同様のことは、地下街などにおける乗換案内の表示や電車などの車内放送につ

いても言えます。前者について言えば、それぞれの表示に沿って正しく乗り換えることができるかを実際に歩いて確認する必要があります。後者について言えば、次の駅の名前や乗り換える路線名などを聞き取れる音量で放送したり、文字による表示を同時に利用可能にしたりすることなどが重要です。こうした情報はその土地に詳しい人の目線でしか考えられていないことがよくあります（例えば、車内放送の音量が小さくて駅名が聞き取れない）。しかし、これらは、外国人に限らず、その土地に不慣れな日本語母語話者や、視覚や聴覚などに障害を持つ人にとっても重要な情報であることを理解する必要があります。

この段落は、「乗換案内の表示」や「電車などの車内放送」においても、「その土地に不慣れ」な人々への配慮が必要ということを言っています。もちろん、その〝人々〟のなかには現段階で話題の中心にある「外国人」も含まれています。

ただ、この段落では情報提供の対象者の幅を少し広げ、「視覚や聴覚などに障害を持つ人にとっても重要」ということも述べています。ここは指摘として当然すこぶる大切なことですが、今回の引用範囲内で話題の中心にあるのは「平時における外国人に対する情報提供」ですから、単なる補足情報として考え、〈要約〉のためのメモからは省いてしまいます（念を押しておきますが、この指摘は、私たちの社会をより良くしていくためのものとしては非常に大切なものです。ここで情報として省くのは、あくまで、必要最低限のコンパクトな要約を作成するためです）。

平時における外国人に対する情報提供
　対象者：旅行者や短期滞在者
　　↓正確な英語の使用が重要
　　〈理由〉国際共通語としての英語の重要性が高いため
　　［考察］・和製英語：例、アイドリング・ストップ
　　　　↓英語での情報発信としては機能しない
　　　　↓公的な掲示物では使ってはいけない
　　　・乗換案内の表示&電車などの車内放送
　　　　↓外国人などへの配慮が必要

また、日本語の固有名詞（地名や施設名）のローマ字表記にはさまざまなバリエーション（ゆれ）が見られます（例えば、長音が表記されないことが多いことや、略号がわかりにくいこと）が、こうした不統一も早急に改善する必要があります。

この段落は、〈固有名詞のローマ字表記を統一せよ〉ということを言っています。確かに「不統一」な表記では、情報の受け取り手も「?」となってしまう可能性が高いですよね。

平時における外国人に対する情報提供
対象者：旅行者や短期滞在者
↓正確な英語の使用が重要
〈理由〉国際共通語としての英語の重要性が高いため
[考察]・和製英語…例、アイドリング・ストップ
↓英語での情報発信としては機能しない
↓公的な掲示物では使ってはいけない
・乗換案内の表示&電車などの車内放送

↓外国人などへの配慮が必要
・固有名詞のローマ字表記
↓統一する必要

以上のようなもの以外にも、外国人に対する情報提供という観点から問題となるものがあります。その一例として次の看板があります。

(図は省略)

これは首都圏の道路でよく見られる「緊急交通路」の看板ですが、外国人に対する情報提供という点からいくつかの問題点が指摘できます。

今度は、「『緊急交通路』の看板」という例を挙げて、ここまでと同じく「外国人に対する情報提供という観点から問題となるもの」を指摘する展開に入りました。「問題点」は複数あるそうですが、それは具体的にどのようなものでしょうか。

平時における外国人に対する情報提供

対象者：旅行者や短期滞在者
↓正確な英語の使用が重要
〈理由〉国際共通語としての英語の重要性が高いため
［考察］・和製英語…例、アイドリング・ストップ
↓英語での情報発信としては機能しない
↓公的な掲示物では使ってはいけない
・乗換案内の表示＆電車などの車内放送
↓外国人などへの配慮が必要
・固有名詞のローマ字表記
↓統一する必要
・「緊急交通路」の看板の問題点
…？

まず、指示のわかりにくさがあります。「緊急交通路」〝Emergency Road〟という表記からは「緊急時にはこの道路を通行せよ」という意味のように感じられ

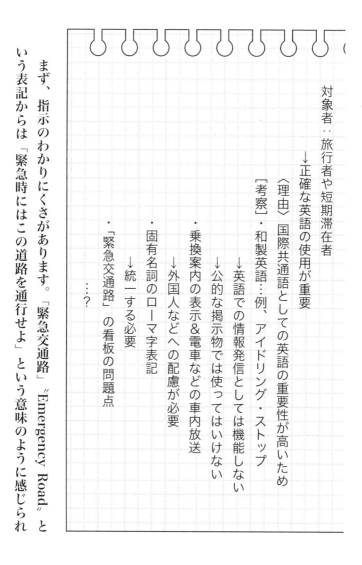

ますが、その下に「地震災害時、一般車両通行禁止」と書かれています。つまり、この看板で伝えたい情報は「緊急時にはこの道路を通行するな」ということです。そうであるのなら、「緊急時通行禁止」とだけ書けばよく、他の情報は無駄であるだけでなく、高速で移動中に見る看板であるだけに（とっさの判断を誤りかねない点で）危険ですらあります。

冒頭に「まず」とあります。この「まず」は、もちろん、〈複数ある「『緊急交通路』の看板の問題点」の一つ目を示します〉という目印です。そしてその内容として、「緊急交通路」という表記には、〈何を指示しているのかわかりにくい〉という「問題点」があるということを挙げている。なるほど、この言い方では、これが「緊急時にはこの道路を通行するな」というメッセージを伝えているとは判断しがたい。むしろその逆に、「緊急時にはこの道路を通行せよ」という意味に取れてしまう。これは場合によっては、とても「危険」ですらあるわけです。

平時における外国人に対する情報提供

対象者：旅行者や短期滞在者
↓正確な英語の使用が重要
〈理由〉国際共通語としての英語の重要性が高いため
［考察］・和製英語…例、アイドリング・ストップ
↓英語での情報発信としては機能しない
↓公的な掲示物では使ってはいけない
・乗換案内の表示&電車などの車内放送
↓外国人などへの配慮が必要
・固有名詞のローマ字表記
↓統一する必要
・「緊急交通路」の看板の問題点
…指示がわかりにくい

さらに、この看板にはナマズの絵が大きく描かれていますが、ナマズから地震を連想するのは日本人ぐらいでしょうし、日本人向けとしてもナマズの絵を使う

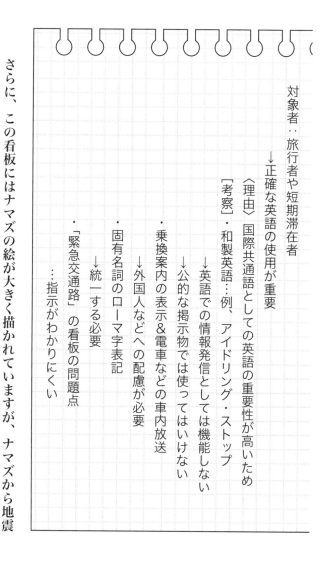

必要性が感じられません（近年では、地震よりも大雨のほうが問題になることが多いと思われます）。外国人に対する情報提供という観点からは、ナマズの絵を消して、そのスペースに〝Closed in Great Earthquake or Heavy Rain〟のような情報を大きな文字で書くべきです。

冒頭の「さらに」が、複数ある『緊急交通路』の看板の問題点」の二つ目を示す目印であることは言うまでもありません。そしてその具体的内容として、「ナマズの絵」が批判されています。ナマズの絵が意味することなど、日本語を母語としない人たちにはわからない。よって、意味がない、消せ、と。要するに、〈日本語を母語としない人には理解できない絵を使ってしまっている〉というのが、この段落で言及されるこの看板の「問題点」ということです。この情報をメモに書き足すと、課題文全体の〈文章のつながり〉をざっと確認することができます。

平時における外国人に対する情報提供
対象者：旅行者や短期滞在者

↓正確な英語の使用が重要
〈理由〉国際共通語としての英語の重要性が高いため
[考察]・和製英語…例、アイドリング・ストップ
　↓英語での情報発信としては機能しない
　↓公的な掲示物では使ってはいけない
・乗換案内の表示&電車などの車内放送
　↓外国人などへの配慮が必要
・固有名詞のローマ字表記
　↓統一する必要
・「緊急交通路」の看板の問題点
　…指示がわかりにくい
　…日本語を母語としない人が理解できない絵

というわけで、作成したメモを〈要約〉へとまとめてみましょう。〈要約〉を書くうえで、まず留意すべきはどのようなポイントだったでしょうか。そう、

POINT!
要約は、筆者の〈主張〉を軸として、コンパクトにまとめる。

ということでしたね。

では、今回まとめたメモのなかで、筆者が最も訴えたいことはなんであったか。これは見方によっていろいろ言えるのですが、ここではひとまず、〈「平時」における「旅行者や短期滞在者」などの「外国人」に対する「情報提供」においては、「正確な英語の使用が重要」である〉という内容であると考えておきましょう。

さあ、これで〈要約〉の軸は確定しました。次に意識すべきは、

POINT!
要約は、筆者の〈主張〉を軸として、その〈理由・根拠〉を示しながらコンパクトにまとめる。

ということでしたね。もちろん、すべての〈要約〉をこのような決まった型で作成できるわけではないですが、しかし課題文が〈主張〉に対して明白に〈理由・根拠〉を示して

いるなら、それはぜひ盛り込みたい。〈理由・根拠〉があるとないとでは、説得力がぜんぜん違います。

ということで、作成した軸、〈「平時」における「旅行者や短期滞在者」などの「外国人」に対する「情報提供」においては、「正確な英語の使用が重要」である〉という〈主張〉に対して、筆者が挙げている〈理由・根拠〉として、〈国際共通語としての英語の重要性が高いため〉という点は付け足しておきましょう。

現段階で整理した内容を、ひとまず必要最低限の情報を盛り込んだミニマムな〈要約〉としてまとめてみます。

平時での、旅行者や短期滞在者などの外国人に対する情報提供については、国際共通語である英語の重要性が高いため、正確な英語の使用が大切だ。

このようになりましたが、どうでしょうか。

先に進みましょう。もちろん考えなくてはいけないのは、メモの［考察］以下の内容はどう扱えばいいかということです。

［考察］・和製英語…例、アイドリング・ストップ
　→英語での情報発信としては機能しない
　→公的な掲示物では使ってはいけない
・乗換案内の表示＆電車などの車内放送
　→外国人などへの配慮が必要
・固有名詞のローマ字表記
　→統一する必要
・「緊急交通路」の看板の問題点
　…指示がわかりにくい
　…日本語を母語としない人が理解できない絵

ここは様々な事例を挙げながら、要するに、〈英語での情報提供においては日本語を母語としない人などへの配慮が必要〉ということを言っているわけですよね。すでに作成した最低限の〈要約〉に対し、さらなる〈主張〉を展開しているとも取れる。とするなら、

やはり〈要約〉には組み込みたいですね。

平時での、旅行者や短期滞在者などの外国人に対する情報提供については、国際共通語である英語の重要性が高いため、正確な英語の使用が大切だ。その際には、日本語を母語としない人などへの配慮が必要になる。（97字）

このようにまとめることができれば、上々です。

ただし、今回は指定字数を200字程度と設定しました。ですから、［考察］の内容については、このようにコンパクトにまとめず、ある程度の具体性をもったまま〈要約〉に盛り込むこともできます。

平時での、旅行者や短期滞在者などの外国人に対する情報提供については、国際共通語である英語の重要性が高いため、正確な英語の使用が大切だ。その際、英語として機能しない和製英語は、公的な掲示物では使ってはいけない。乗り換え案内の表示や電車などの車内放送、固有名詞のローマ字表記などでも、外国人などへの配慮が必要だ。指示が伝わりに

くいメッセージや、日本語を母語としない人が理解できない絵も避けるべきだ。（197字）

強引に圧縮したのでちょっとたどたどしい日本語になってしまっているかもしれませんが、その点は何卒お許しください。こちらの課題文についての〈要約〉は、これで完成ということにいたします。

要約を〈思考の軸〉として、自分の主張を展開する〈ステップ2〉

くどいようですが、本書で〈要約〉を推奨する大きな理由は、

POINT!

要約によって得た知識や考え方を参照しながら読むことで、文章から、よりたくさんの情報、メッセージ、論点、あるいは自らの意見を引き出すことができるようになる。

という点にあります。

けれども、この第2部「核心を他人に伝える力」では、文章であれ、ディスカッションやプレゼンテーションであれ、自分の言いたいことを〈伝わりやすく説得力のあるメッセージ〉にするということをテーマにお話ししてきました。そしてその際、以下のことを強調しておいたことを覚えているでしょうか。

POINT!

〈要約〉等を通じて思考するための軸となる考え方や知識を身につけた人は、それに基づいて、自分の主張を展開することができる。

というわけで、せっかくですから、今作った〈要約〉を〈思考の軸〉として、「自分の主張を展開する」という実践について解説してみたいと思います。

まず、再度、作成した〈要約〉を以下に挙げておきます。

平時での、旅行者や短期滞在者などの外国人に対する情報提供については、国際共通語である英語の重要性が高いため、正確な英語の使用が大切だ。その際、英語として機能しない和製英語は、公的な掲示物では使ってはいけない。乗り換え案内の表示や電車などの車内

放送、固有名詞のローマ字表記などでも、外国人などへの配慮が必要だ。指示が伝わりにくいメッセージや、日本語を母語としない人が理解できない絵も避けるべきだ。（197字）

ここで手にした考え方を活用しながら、以下に引用する課題文について、私なりに、意見を述べてみたいと思います。なお、課題文は「The Asahi Shimbun GLOBE+」（2022 12/7）の記事からの抜粋です。フランスに暮らす、フランス語を自由に扱えない移民や難民に向けた情報提供についての、ＮＧＯの取り組みを紹介しています。

【課題文】

言葉の壁をどうやったら乗り越えられるのか。今年3月、難民支援のＮＧＯなどが中心となってあるプロジェクトが始まった。カギになるのは、日本人にもおなじみの「絵文字」だ。

「例えば空腹だということを伝えたい時、パスタなど料理の絵文字を送れば、何か食べたいということを伝えられます。具合が悪い表情の絵文字を使えば、自分の状態を伝えることができます。それで伝わるのかって？　絵文字は国際的な『言語』になっていますから」

パリに拠点を置く難民支援団体ワティザットのコーディネーター、テア・ドログレスさんはそう話す。支援現場での経験から、難民や移民であっても、ほとんどの人がスマートフォンを持っていることに目を付けた。「（身ぶり手ぶりが使えない離れた所にいる相手であっても）スマホと絵文字を使えば何に困っているのか伝えることができるのでは」と考えた。

欧州の他、中東やアフリカでも広く使われているSNSアプリ「WhatsApp」（ワッツアップ）に、専用のページを開設。そこへつながるQRコードは、ビラを作って路上生活者に配ったり、難民などが多い地区に貼り出したりした。このビラでも文字の使用を最小限にし、見て分かるデザインにしたという。

ページを開くと、まずシャワーやズボン、体温計を口にくわえた顔などの絵文字と「？」が出てくる。困りごとに関する絵文字を一つ入力すると、位置情報を頼りに最寄りの支援施設を紹介し、地図で距離やルートまで案内してくれる。アプリには身分証明書がなくても緊急時に診察してくれる病院や、衣服の提供場所など、すでにパリ市内の約30カ所が登録されている。

「『情報へのアクセスは基本的人権である』という考えから私たちのNGOは設立されました」と話すドログレスさん。これまでも難民向けの支援情報を冊子にまとめ、配布してきた。言語の違いによって得られる情報に格差がないよう、難民たちの多くが話すアラビア語やパシュトー語、ダーリ語、そして今年からはウクライナ語などにも翻訳。ボランティアの学生たちが情報を日々直接確認しながら更新してきた。そうした活動を続けるなかで、あることに気が付いたという。

「難民の中には、たとえ母語であっても、書き言葉が分からない人もいる。どうしたら情報へのアクセスをより簡単にできるか。そう考えると、異なる言語の話し手でも、理解し、共感しあえるという点で絵文字の可能性は大きい」

（「絵文字が難民や移民を救うフランス、「言葉の壁」超える新たな国際語　支援団体が活用」「The Asahi Shimbun GLOBE+」２０２２年12月7日 朝日新聞 GLOBE 編集部員、目黒隆行氏の記事より）
https://globe.asahi.com/article/14783921

【解説】

では、こちらの課題文についても、文章のつながり、論の展開を整理してみましょう。

言葉の壁をどうやったら乗り越えられるのか。今年3月、難民支援のＮＧＯなどが中心となってあるプロジェクトが始まった。カギになるのは、日本人にもおなじみの「絵文字」だ。

この冒頭の段落は、〈難民支援のＮＧＯが、絵文字を用いて、フランス語を用いることのできない移民や難民とのコミュニケーションを計画〉したことについて述べられています。

難民支援のNGOの計画
…絵文字↓フランス語を用いることのできない移民や難民とのコミュニケーション

「例えば空腹だということを伝えたい時、パスタなど料理の絵文字を送れば、何か食べたいということを伝えられます。具合が悪い表情の絵文字を使えば、自分の状態を伝えることができます。それで伝わるのかって？ 絵文字は国際的な『言語』になっていますから」

難民支援のNGOの計画

ここは、基本的には〈絵文字を使った情報提供〉の具体的な例を挙げているだけですが、ただ、「絵文字は国際的な『言語』になって」いるから「伝わる」という内容については、絵文字の利用を計画した〈理由・根拠〉となっていますから、メモに加えておきます。

…絵文字→フランス語を用いることのできない移民や難民とのコミュニケーション

［理由］絵文字は国際的な言語なので、伝わるから

パリに拠点を置く難民支援団体ワティザットのコーディネーター、テア・ドログレスさんはそう話す。支援現場での経験から、難民や移民であっても、ほとんどの人がスマートフォンを持っていることに目を付けた。「(身ぶり手ぶりが使えない離れた所にいる相手であっても) スマホと絵文字を使えば何に困っているのか伝えることができるのでは」と考えた。

ここに述べられているのは、そうした計画を思いついたきっかけですね。「難民や移民であっても、ほとんどの人がスマートフォンを持っている」ことに気づき、絵文字でのコミュニケーションを思いついたわけです。

難民支援のNGOの計画

……絵文字→フランス語を用いることのできない移民や難民とのコミュニケーション
[理由] 絵文字は国際的な言語なので、伝わるから
[きっかけ] 難民や移民のほとんどがスマートフォンを持っていることへの気づき

欧州の他、中東やアフリカでも広く使われているSNSアプリ「WhatsApp」(ワッツアップ)に、専用のページを開設。そこへつながるQRコードは、ビラを作って路上生活者に配ったり、難民などが多い地区に貼り出したりした。このビラでも文字の使用を最小限にし、見て分かるデザインにしたという。

この段落は、システムの構築とその告知の方法を具体的に説明しているだけです。さほど重要な情報というわけでもなさそうですので、メモには何も加えずにおきましょう。

ページを開くと、まずシャワーやズボン、体温計を口にくわえた顔などの絵文

字と「？」が出てくる。困りごとに関する絵文字を一つ入力すると、位置情報を頼りに最寄りの支援施設を紹介し、地図で距離やルートまで案内してくれる。アプリには身分証明書がなくても緊急時に診察してくれる病院や、衣服の提供場所など、すでにパリ市内の約30カ所が登録されている。

ここもまた、システムの内容を具体的な事例を用いて紹介しているだけです。先ほどと同様、メモには何も足さないでおきます（もちろん、書き加えたいという方は書き加えてかまいません。あくまで一つの実践例としてお読みください）。

「『情報へのアクセスは基本的人権である』という考えから私たちのNGOは設立されました」と話すドログレスさん。これまでも難民向けの支援情報を冊子にまとめ、配布してきた。言語の違いによって得られる情報に格差がないよう、難民たちの多くが話すアラビア語やパシュトー語、ダーリ語、そして今年からはウクライナ語などにも翻訳。ボランティアの学生たちが情報を日々直接確認しながら更新してきた。そうした活動を続けるなかで、あることに気が付いたという。

「情報へのアクセスは基本的人権である」という言葉は、話題の中心にあるNGOの根本的な理念であり、かつ、絵文字の使用による非フランス語話者とのコミュニケーションという要点にも密接に関わってくる考え方なので、メモに足しておきましょう。

難民支援のNGOの計画
NGOの理念＝情報へのアクセスは基本的人権である
…絵文字→フランス語を用いることのできない移民や難民とのコミュニケーション
［理由］絵文字は国際的な言語なので、伝わるから
［きっかけ］難民や移民のほとんどがスマートフォンを持っていることへの気づき

「『情報へのアクセスは基本的人権である』という考えから私たちのNGOは設立されました」と話すドログレスさん。

これまでも難民向けの支援情報を冊子にま

とめ、配布してきた。言語の違いによって得られる情報に格差がないよう、難民たちの多くが話すアラビア語やパシュトー語、ダーリ語、そして今年からはウクライナ語などにも翻訳。ボランティアの学生たちが情報を日々直接確認しながら更新してきた。そうした活動を続けるなかで、あることに気が付いたという。

絵文字計画の以前に実施してきた運動が紹介されています。要するに、情報を様々な言語に翻訳して発信してきたということですね。

難民支援のNGOの計画
NGOの理念＝情報へのアクセスは基本的人権である
…絵文字→フランス語を用いることのできない移民や難民とのコミュニケーション
［理由］絵文字は国際的な言語なので、伝わるから
［きっかけ］難民や移民のほとんどがスマートフォンを持っていることへの気づき

⇔ これまでの活動…様々な言語に翻訳して情報を発信

「『情報へのアクセスは基本的人権である』という考えから私たちのＮＧＯは設立されました」と話すドログレスさん。これまでも難民向けの支援情報を冊子にまとめ、配布してきた。言語の違いによって得られる情報に格差がないよう、難民たちの多くが話すアラビア語やパシュトー語、ダーリ語、そして今年からはウクライナ語などにも翻訳。ボランティアの学生たちが情報を日々直接確認しながら更新してきた。そうした活動を続けるなかで、あることに気が付いたという。

様々な言語に翻訳して情報を発信するというこれまでの活動を続けるなかで、「あることに気が付いた」とあります。もちろん、続く記述を追いかけていきながら、何に気づいたのかを確認しましょう。

「**難民の中には、たとえ母語であっても、書き言葉が分からない人もいる。どう**

したら情報へのアクセスをより簡単にできるか。そう考えると、異なる言語の話し手でも、理解し、共感しあえるという点で絵文字の可能性は大きい」

なるほど。例えばX語を母語とする人であっても、文字の読み書きができないこともある。となると、フランス語をX語の文字に翻訳して情報を発信したところで、その人にその情報は届きません。だからこそ、絵文字に「可能性」を見出したわけですね。

難民支援のNGOの計画

NGOの理念＝情報へのアクセスは基本的人権である

…絵文字↓フランス語を用いることのできない移民や難民とのコミュニケーション

〔理由〕絵文字は国際的な言語なので、伝わるから

〔きっかけ〕難民や移民のほとんどがスマートフォンを持っていること

⇔　への気づき

これまでの活動…様々な言語に翻訳して情報を発信
↓読み書きのできない人には届かない
↓絵文字に可能性を見出す

この、「読み書きのできない人」にも届けることができるという点は、そのまま、「絵文字」を「フランス語を用いることのできない移民や難民とのコミュニケーション」に用いることの〈理由・根拠〉になりますよね。その点に鑑みて、メモをもう少し簡略なものにしてしまいましょう。

難民支援のNGOの計画
NGOの理念＝情報へのアクセスは基本的人権である
…絵文字↓フランス語を用いることのできない移民や難民とのコミュニケーション
【理由1】絵文字は国際的な言語なので、伝わるから
【理由2】絵文字は読み書きのできない人にも届くから

［きっかけ］難民や移民のほとんどがスマートフォンを持っていること
への気づき

このような感じになるでしょうか。

では、この作成したメモを参照しながら、この課題文の要点をさらにギュッと絞り込んでみましょう。

この課題文は、もちろん、このフランスのNGOの計画を紹介することを主眼としています。となると、〈絵文字↓フランス語を用いることのできない移民や難民とのコミュニケーション〉というこの計画の内容は、課題文における最重要な情報であるとわかりますね。当然、そうした計画についての二つの〈理由〉もまた、この計画の内容を理解するうえで大切なポイントとなるはずです。

以下のように整理し直してしまいましょう。

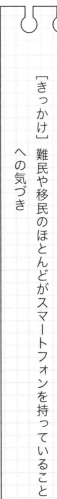

［要点］難民支援のNGOの計画
…絵文字→移民や難民とのコミュニケーション
［理由］絵文字…国際的な言語・読み書きのできない人にも届く

では、この記事の要点に対して、私なりの〈主張〉を考えてみます。

まず第一に、こうした提言に対して、皆さんはどうお考えでしょうか。

私は、「まさに！」と思います。例えばそれが旅行者であれ、留学生であれ、移民（という言い方は今の日本政府は使いたがりませんが、実質的に「移民」と呼ばれるべき人々はこの社会にたくさんいます）であれ、難民であれ、この日本に滞在したり暮らしたりする非日本語母語話者が、日本語を使えないというその一点で、時に心身の安全を確保できなくなるほどの不利益を被る――そのようなことは決してあってはならないと思うからです。現実にそうした不利益があるなら、それを解消していくことは、この社会にとってとても大切な課題であるはずです。

したがって、私なら、この課題文についての自分の〈主張〉は、以下のように組み立てることになるでしょう。

この日本社会に滞在したり暮らしたりする非日本語母語話者が、日本語を使えないという理由で心身の安全を確保できなくなるほどの不利益を被る――そのようなことは、あってはいけない。だから私は、記事に紹介されるフランスのＮＧＯの活動は、この日本でもぜひ取り組むべきものだと考える。国際的な言語であり読み書きのできない人にも届く絵文字の活用は、多くの非日本語母語話者の助けとなることだろう。

念のためにこの文章の構成を確認しておくと、「だから私は、記事に紹介されるフランスのＮＧＯの活動は、この日本でもぜひ取り組むべきものだと考える。国際的な言語であり読み書きのできない人にも届く絵文字の活用は、多くの非日本語母語話者の助けとなることだろう」という箇所が私の〈主張〉ということになります。

ここで、「記事に紹介されるフランスのＮＧＯの活動」という〈抽象〉的な言い方に対し、続く文の中で「国際的な言語であり読み書きのできない人にも届く絵文字の活用」と〈具体〉化していることにご着目ください。〈抽象↓具体〉のつながりを意識した書き方になっています。

また、「この日本社会に滞在したり暮らしたりする非日本語母語話者が、日本語を使えないという理由で心身の安全を確保できなくなるほどの不利益を被る――そのようなことは、あってはいけない」という箇所が、〈主張〉に対する〈理由・根拠〉ですね。ここはもちろん、〈主張―理由〉、言い換えれば〈因果〉のつながりを意識しています。

このように、メッセージを発信する際には、

POINT!

〈因果〉や〈抽象→具体→抽象〉などのつながりを意識して、話の〈首尾一貫性〉を守った文章は、伝わりやすく、説得力のあるものになる！

のでしたね。この点は、何度でも強調しておきたいと思います。

それでは、課題文について作成したこの〈主張〉を、『「やさしい日本語」表現事典』の〈要約〉の内容を参照することで、より説得力のあるものにしていきましょう。〈要約〉は、以下のような内容でしたね。

平時での、旅行者や短期滞在者などの外国人に対する情報提供については、国際共通語である英語の重要性が高いため、正確な英語の使用が大切だ。その際、英語として機能しない和製英語は、公的な掲示物では使ってはいけない。乗り換え案内の表示や電車などの車内放送、固有名詞のローマ字表記などでも、外国人などへの配慮が必要だ。指示が伝わりにくいメッセージや、日本語を母語としない人が理解できない絵も避けるべきだ。（197字）

ふむ——では、この内容の、どこをどう利用して、〈主張〉に盛り込むか……。

少し前に、「チャリタブル・リーディング」という考え方について紹介したことを覚えているでしょうか。私が、山野弘樹さんという哲学研究者の書いた『独学の思考法』（講談社現代新書）という本から学んだ方法です。

私はこの方法を、次のように説明しました。

相手の主張の不十分なところを補ったり、あるいは良いところをさらに磨き上げたりするような読み方のことを、チャリタブル・リーディングと言います。（中略）誰かしらの主張や考えを読み、それを批判する際、このチャリタブル・リーディングやそれに基づく自説の表明は、思考を皆で共有し、錬磨していくという、非常に生産的な読み・書きの営みとなります。ぜひ、意識して実践してみてください

「相手の主張の不十分なところを補ったり、あるいは良いところをさらに磨き上げたりするような読み方」——素晴らしい考え方ですよね。

知というものは、勝ち負けという土俵で論じるものではなく、皆で協働して高めていくものなのだ、という理念を具体的に実践する方法です。私はこの「チャリタブル・リーディング」という方法を知ったとき、本当に感動しました。昨今、「論破」などという言葉をしばしば耳にしますが、あのような軽薄な言葉にはない、知への愛、人間や人間の社会への誠実な思いが感じられます。

ということで、ここでは、先にまとめた記事についての〈主張〉に対し、この〈要約〉の内容の一部を使ってチャリタブル・リーディングを実践してみたいと思います。

作成した〈主張〉の要となるのは、「私は、記事に紹介されるフランスのＮＧＯの活動は、この日本でもぜひ取り組むべきものだと考える。国際的な言語であり読み書きのでき

ない人にも届く絵文字の活用は、多くの非日本語母語話者の助けとなることだろう」という箇所でした。実は、〈要約〉には、こうした考え方の〈不十分なところを補う〉ためのヒントが書かれているのです。

どうでしょう。

それが〈要約〉のどの記述を言うのか、気づいた方もいらっしゃるかと思います。

答えを言うなら、「日本語を母語としない人が理解できない絵も避けるべきだ」という指摘ですね。これはあくまで〈日本語母語話者が理解できる絵／非日本語母語話者が理解できない絵〉という対比に基づいての指摘ですが、より一般化するなら、ここには〈その絵（絵文字）を見る人が、それの表わす意味内容を理解できるか否か〉という問題点を抽出することができると思います。

絵文字を活用して非日本語母語話者とのコミュニケーションを促進するというのは画期的な案ですが、その絵文字は、本当に万人に共有されているものなのか。

もちろん、記事の中にもあるように、絵文字は他の言語とは比較できないほどに「国際的な『言語』になってい」ると言えるでしょう。けれども、それは完全にではないはずです。親子のあいだでLINEのやりとりをしている最中、両者のつかう絵文字に込めた意味が食い違っており、互いに「?」となる——といったような笑い話を読んだことがあります。

となると、記事に紹介されている〈絵文字を活用した移民や難民とのコミュニケーション〉を、よりスムーズかつ誤解なきように運用していくためには、〈多様な言語圏・文化圏に出自を持つ人たちを相手に、その絵文字が皆に理解されるものなのかどうかの調査を継続的に実施していく〉ということが必要となってくるはずですね。この点を踏まえ、先ほど作成した〈主張〉に肉付けをしてみましょう。

この日本社会に滞在したり暮らしたりする非日本語母語話者が、日本語を使えないという理由で心身の安全を確保できなくなるほどの不利益を被る——そのようなことは、あってはいけない。だから私は、*記事に紹介されるフランスのNGOの活動は、この日本でもぜひ取り組むべきものだと考える。国際的な言語であり読み書きのできない人にも届く絵文字の活用は、多くの非日本語母語話者の助けとなることだろう。ただし、庵功雄編著『「やさしい日本語」表現事典』（丸善出版）には、「絵」を用いた情報提供の問題点も指摘されている。その絵の表わす内容を、情報の受信者が理解できるとは限らないのだ。したがって、絵文字を用いたコミュニケーションにおいても、個々の絵文字が本当にすべての人々に共有されているものなのか、その調査については継続的に実施していく必要があるだろう。

＊（「絵文字が難民や移民を救うフランス、「言葉の壁」超える新たな国際語　支援団体が活用」「The Asahi Shimbun GLOBE+」２０２２年12月7日 朝日新聞 GLOBE 編集部員、目黒隆行）
https://globe.asahi.com/article/14783921

いかがでしょうか。記事の要点に対して、自分の〈主張〉を〈理由・根拠〉とともに述べ、かつ、他の文章の〈要約〉から得た情報を参照しながら、記事の内容に補足を加えてみました。チャリタブル・リーディング的な観点に基づいた〈主張〉の展開が、一応はできたかと思います。

なお、当然のことですが、ここに紹介した私の実践は、あくまで一つの例に過ぎません。これが唯一絶対の答えというわけではないということは強調しておきます。

最後に、「出典」ということについても触れておきましょう。例えば何かしらの文章を読んで、それをもとに自分の〈主張〉をメッセージとしてまとめる。そしてそれを、ブログなどで公開する。その際には、参照した文章や引用した文章については、必ずその出典を明示しておきましょう。書籍なら、〈編著者名＋タイトル＋出版社〉は最低限示しておく必要があります。ネット記事の場合は、ＵＲＬを張り付けておくことも大切になります。右に作成した文章で言うなら、『「やさしい日本語」表現事典』のように文中に出典を示してもいいですし、「The Asahi Shimbun GLOBE+」のように、注として文章の後に補っておいてもかまいません。いずれにしても、「この本や記事を参照・引用しました」ということを示しておかないと、盗用や剽窃ということになってしまう可能性もあります。この点は、重々気を付けてください。

おわりに

ここまでお付き合いいただき、ありがとうございます。本を一冊読み切るのって、大変なことですよね。しかも本書の読者の多くは、すでに会社やご家庭などで働いていらっしゃる方々かと思います。お忙しいなかお時間を捻出してくださったことに、衷心より御礼申し上げます。

……どうでしたでしょうか。

貴重な時間を割いて読んだだけの価値を、本書に見出していただけましたでしょうか。

本の書き手というのは不思議なもので、企画をしている段階や書き進めている最中には

「これは傑作だ！」と意気揚々たるものなのですが、いざ書き終え、推敲や校正などを始めると、徐々に不安を募らせてしまうのですよね。いわんや、発売日が近づいてくると、胃がひっくり返ってしまうかというほどに緊張する。願わくは、皆さんに何かしら「なるほど！」と思っていただけたところがありますように……。

本書の「はじめに」で述べたことを、ここにもう一度、引用しておきたいと思います。

私は情報を手にすることの最大の意味は、**〈思考の軸〉**を手に入れることだと思っています。社会や世界、あるいは自分自身と向き合ったとき、そこに拠って立つことによって、より深く思考をめぐらすことのできるような〈思考の軸〉。何かしら新たな情報に接するときに、その内容について熟考するために参照する〈思考の軸〉。昨今「教養ブーム」などということもしばしば耳にしますが、真の意味での教養とは、このような〈思考の軸〉としての情報・知識のことではないでしょうか。

読書を通じて、読み取ったことを〈メモ〉にまとめる、あるいは〈要約〉をする。さらには、そうした〈メモ〉や〈要約〉を参照しながら、新たな本や文章を読み進めていく。そのことによって、「社会や世界、あるいは自分自身」について考えるための〈思考の軸〉は、より深く掘り下げられ、より広く、開かれていくことでしょう。本書でお伝えしたかったのは、まさにこのことに尽きます。

読書猿氏の大ヒット作『独学大全』（ダイヤモンド社）に次の一節があります。

既に多くのことに取り組んできた先人がいるおかげで、我々は自分の知的営為をゼロから始めないで済む。100年前、いやほんの数年前の人たちが望むべくもなかった進んだ地点から、我々は取り組むことができる。そう、こうした先人の知的貢献にアクセスすることさえできれば。

古人はこのことを**「巨人の肩の上に乗る」**と表現した。

「先人の知的貢献」あるいは「巨人の肩」。それが本書に述べる〈思考の軸〉とほぼ重なるものであることを付言しておきたいと思います。

皆さん、これからも一緒に学び続けていきましょう。

そして、ともに最良の読書ライフを。

最後になりますが、青春出版社の山崎知紀様、私ごとき無名の書き手に執筆をお声がけくださり、本当にありがとうございました！

２０２３年５月

小池陽慈

著者紹介

小池陽慈　（こいけ・ようじ）
1975年生まれ。早稲田大学教育学部国語国文科卒業。早稲田大学大学院教育学研究科国語教育専攻修士課程中退。2022年より、放送大学大学院修士課程。現在、河合塾・河合塾マナビス現代文講師。著書に『14歳からの文章術』『"深読み"の技法』(共に笠間書院)、『世界のいまを知り未来をつくる 評論文読書案内』（晶文社)、『基本用語から最新概念まで 現代評論キーワード講義』（三省堂)、『無敵の現代文記述攻略メソッド』(かんき出版)などがある。

できる大人《おとな》の「要約力《ようやくりょく》」 核心《かくしん》をつかむ

2023年6月5日　第1刷

著　者　小《こ》池《いけ》陽《よう》慈《じ》

発行者　小澤源太郎

責任編集　株式会社 プライム涌光
電話　編集部　03(3203)2850

発行所　株式会社 青春出版社
東京都新宿区若松町12番1号 〒162-0056
振替番号　00190-7-98602
電話　営業部　03(3207)1916

印　刷　中央精版印刷　　製　本　ナショナル製本

万一、落丁、乱丁がありました節は、お取りかえします。

ISBN978-4-413-23308-8 C0030